Gilles Dostaler et Bernard Maris
CAPITALISME ET
PULSION DE MORT

G・ドスタレール　B・マリス

資本主義と死の欲動

フロイトとケインズ

斉藤日出治◉訳

藤原書店

資本主義と死の欲動　目次

資本主義と死の欲動

フロイトとケインズ

凡例

一　原注は（1）（2）……で示した。
二　訳者が付した注は〔　〕で示した。
三　大文字で始まる単語は《　》でくくった。
四　傍点は、原文が強調を意味するイタリック体。
五　引用文中の強調は、引用元の著者自身の強調である。
六　引用文への原著者の補足は［　］で示した。
七　引用文の既訳は参考にさせていただいたが、本書はフランス語からの翻訳のため、フランス語の原文に即して訳している。
八　注に登場する参考文献の著者名、発行年数などであきらかなまちがいは訳者の判断で訂正した。
九　必要に応じて適宜改行を行った。

はじめに

「流動性〔現金にいつでも換えられるという性格〕への逃避」、「流動性への抑えがたい渇望」、『流動性への常軌を逸した欲望』、銀行と金融機関は、いまやみずからが引き起こした株式市場の嵐〔リーマンショック〕のさなかにあるが、〔流動性に対する〕この不安でいたたまれない要求をほかにどう名づけたらよいのであろうか。というのも、銀行と金融機関は、飽くなき強欲、際限なき貨幣の欲望によって様変わりしてしまったからである。ただし、「流動性への常軌を逸した欲望」というのはわれわれが考えたものではない。それはケインズが考えだしたものである。そしてこの表現は、フロイトが発見した死の欲動を参照している。ケインズが考えたのは、一九二九年の恐慌の発生において銀行が重大な役割を果たした、ということである。この恐慌は人類を破局に導いた。そこにこそ、事態の始まりがある。たしかに、ひとびとはこの恐慌のことを記憶しているので、今日では、諸国の中央銀行が世界中に何十億ドル、何十億ユーロを注入して、崩壊の危機にある世界経済に息を吹き込もうとしている。米国の工業生産は、いまだ一九三〇年代のように五〇％にまで低下するには至っていない。だが、耳を澄ませば、不吉な軍靴の音がロシア、オーストリア、旧ソヴィエト連邦の諸共和国において、さらにはヨーロッパ諸国においてさえも聞こえてきている。資本主義は、利潤へのすさまじい競争、たえず高まる蓄積欲望によって、あらためて、自身のなかにさらに深く秘められているものを解き放ち、それを全エネルギーで突き動かす。それが死の欲動である。われわれが「幸福なグローバリゼーション」と思いこんでいたものは、常軌を逸した貨幣の馬鹿騒ぎであり、その破壊的な欲動にすぎなかったのである。

資本主義とは、技術と科学が過剰な労働生産性へと誘導される人類史の特殊な時期である。この時期には、諸商品の生産を増大することが諸種の欲求に見合うものとみなされ、諸商品の生産がかぎりなく追求され、貨幣もまた、もっぱらより多くの貨幣を蓄積するのに役立ち、自己目的化する。それゆえ資本主義という時代は、物的財を蓄積し時間を節約する以外の目的をもたない。時間を節約するということは、生産性を上昇させるという意味である。つまり、時間は死を遠ざけるものとみなされる。資本主義のシステムにおいては、ほとんどの経済学者が想定しているのとはちがって、貨幣が交換のための透明で、中立的で、平和的なヴェールなのではない。貨幣は、人類のあらゆる苦悩と欲動を抱えこんでいる。人類は、経済成長、財と廃棄物の蓄積、自然の破壊、といったものの激しい渦へと引きずりこまれているからである。貨幣を追い求めるのは、あらゆる代価を払ってひたすら速度を追い求めることであり、この世界では、周知のように、ベンジャミン・フランクリン以来、時間と貨幣が等価となる。

この累積的時間という資本主義の時間においては、貸借勘定はけっして清算されない。ひとはけっしてとどまることをしない。均衡や平穏にゆきつくこともけっしてない。ひとびとは、時間を世俗化し、時間を膨張と同時に蓄積の対象とすることによって、時間というもっぱら神にだけ属していたものを自分の手元に引き寄せ、金儲けの種にし、取引してきた。つまり、利子を付けて貸してはならないという宗教的禁忌をうちやぶったのである。ひとびとは技術によって、神の力を手に入れようと考えた。神に近づくために休みなくためこみ、蓄積することが資本主義を定義する。フロイトは『文化の中の居心地悪さ』において、この定義をまちがいなく証明したのではないか。

フロイトとケインズが教えていることを本書で証明してみよう。すなわち、均衡への欲望は資本主義につきものであり、その欲望はつねに現前するのだが、それはたえず成長へと繰り延べされる、それこそが死の欲動にほかならない、ということを。破壊すること、ついでみずからを破壊し死ぬことが、また資本主義の精神でもある。市場には、ひとびとの労働時間を結晶化した諸種の商品が出回るが、これらの商品はまた苦悩、罪責感、憎悪の結晶でもある。市場という資本主義のこの活性剤は、建前だけの平等の恐るべき場であり、模倣欲望の場、怨恨の場、ならびに蓄積において稼働する死の欲動の途方もない触媒である。ところで、資本主義は、諸国民間の不平等の爆発を、諸国民内部のひとびとのあいだの不平等の爆発を、バブルの膨張を、ともなっている。バブルの膨張は、人的エネルギーの生き血を吸い、ついで炸裂し、そして労働を犠牲にしたレント〔不労所得〕を形成する（スミス、リカード、マルサス、ミル、そしてもちろんマルクスといった初期の偉大な経済学の思想家たちが完膚なきまでにそのことを記述した）。資本主義が存続するのは、剰余をかぎりなく増殖させるかぎりのことである。ジョルジュ・バタイユが『呪われた部分』で述べているように、ときおり、浪費は、今日の金融恐慌によって、明日の戦争によって、借りを返すことを求められる。

本書で見るように、資本主義の壮大な企みとは、消滅への諸力を、つまり死の欲動を成長へと誘導し、転移させることである。その意味で、エロス〔生の欲動〕がタナトス〔死の欲動〕を支配し、利用し、従属させる。とりわけこのエロスによるタナトスの支配・利用・従属化は、自然を破壊することによっておこなわれる。だが、タナトスはエロスに住みつく。つまり、快楽は破壊のなかにある。そもそも快楽は消費のなかにあるが、消費は投資とは対立する破壊行為にほかならない。これに対して、投資は消費を拒絶する。現代の金融危機は、未曾有の危機に昇りつめた。北の諸国の住民は高齢化が進んでいるが、これらのひとびとはみずからの生活水準を譲り渡すことを拒んでいる。かれらの生活水準は無駄な消費という「呪われた部分」の発現であるというのに、である。他方で、中国およびその一三億の人口のような超絶的な資本主義的エネルギーがたちあらわれている。そこから想像しうることは、おそらく中国にそのつもりはないであろうが、この超絶的なエネルギーが傲慢で好戦的なものになるという宿命であろう。あらゆる不吉な予兆から推測されるのは、死の欲動がその欲動をふくみこんでいる資本主義からあふれ出ることをひたすら求めている、ということである。それは、いったいいつまでもつのであろうか。

序論　死に赴かんとする者《モリトゥリ》*……

「かれはあまたの天才とはちがって、ただの天才ではなかった。かれは異常に心優しいひとであった。……かれのなかには、なかば死火山のようになったあるものが潜んでいた。睡眠状態にあるもの、抑圧されたもの、貯蔵されたものが潜んでいた。かれがわたしにあたえた印象は、つぎのようなものであった。わたしが出会ったひとできわめて心優しいという印象をあたえたひとはごくわずかであるが、かれはそのひとりで、しかもその優しさの背後に偉大な力を秘めているひとであった」。

ジグムント・フロイトについて、レナード・ウルフ
『ずっと下降線だった』一九六七年

「メイナードの精神は、信じがたいほどに明敏で、しなやかで、想像力に富み、熱狂的であった。かれはつねに斬新で独創的な思考の持ち主であった。とりわけ出来事と人間行動の領域において、また出来事と人間行動のあいだの関係の領域において、そうであった。かれは実践においても、理論においても、才気に溢れた、有能な、ごくまれな才能をもっていた。したがってかれは、かれが哲学者をやりこめ経済学者をうちのめしたのとおなじくらい素早く、かつ華麗に、銀行家、実業家、首相を圧倒した」。

ジョン・メイナード・ケインズについて、レナード・ウルフ
『種をまく』一九六〇年

一九二九年一〇月、ニューヨークの株式市場は崩壊し、金融相場の崩壊と連続倒産を引き起こした。しかし、株価は、当時のもっとも名高い米国の経済学者であるアーヴィング・フィッシャーによると、「永続的な高水準」に達するであろう、とされていた。永遠の成長を約束しているかに見えた資本主義は、いたるところで未曾有の危機にはまりこんだのである。生産は崩壊し、失業者はいくつもの国で活動人口の四分の一以上に達した。ドイツの側では、不気味な物音が感じられた。ソンム〔一九一六年七―十一月に行われた連合軍のドイツ軍に対する戦闘で、双方に一〇〇万人以上の死傷者を出した北フランス・ピカルディ地方の激戦地〕、ヴェルダン〔一九一六年二月に始まったフランス軍とドイツ軍の戦闘で双方に七〇万人以上の死傷者を出した南フランス・ロレーヌ地方の戦闘地〕、シュマン・デ・ダム〔一九一七年四月にフランス軍がドイツ軍を攻撃し、一八万人以上の戦死者を出した北フランス・エーヌ県の激戦地〕の大虐殺が行われたわずか一五年後に、諸国民の新たな怒りが不気味なうなりを上げ、ヨーロッパでは悪魔のイデオロギーが人目をはばからなくなった。

この一九二九年の経済恐慌にやや遅れて、二冊の注目すべき作品が現れた。ジョン・メイナード・ケインズは『わが孫たちの経済的可能性』を刊行した。この著書は、文化の飛躍的発展についてむしろ楽観主義的な考察を行い、資本主義がその発展を約束しうるものとした。そして、

＊〔訳注〕一九六五年のアメリカのスパイ映画の題名、ローマの剣闘士が皇帝の側を行進しながら述べたラテン語のあいさつ。

ジグムント・フロイトは『文化の中の居心地悪さ』を著した。こちらは善と悪、死と生の諸力の弁証法にもとづく深い悲観主義的な作品であった。そこに見いだされたのは、人類の生命力と持続力たる文明が、そのなかに死の欲動とのたえざる闘争をはらんでおり、死の欲動とたえず闘っている、ということであった。驚かされるのは、この本にふくまれたグローバリゼーション、技術、そして自然に対する人間の闘争に関する分析であった。もちろん、資本主義はたかだか何百年か前に出現したのであって、その資本主義を文化と混同してはならない。文化はその根を人類の曙に下ろしているからである。だが、資本主義の言語活動、つまり市場、契約、蓄積、貨幣、欲求、そしてグローバリゼーションといった言語活動は、今日、文明をすっかり覆い尽くし、文明のモデルとなっている。この文化には技術がふくまれている。それがフロイトのメッセージである。ひとは技術を発展させることによって幸福を高めたのではなく、それと知ることなく、人類を脅かす力を解き放ったのだ。ケインズが『わが孫たちの経済的可能性』で夢見たように、希少性という経済問題についに終止符をうち、芸術と友情へと方向転換して新しい豊かな社会へと向かうことができるのであろうか。それとも、フロイトが著書の末尾で言及したシロアリの巣〔集団的行動へと向かう習性〕へと、そしてナチスが望んだ個人の意思の廃棄へと向かうのであろうか。つまり、アポカリプス〔終末世界〕へと向かうのであろうか。

おそらくシロアリの巣へと向かう可能性のほうが高い。それは人類の死を意味するであろう。われわれは全員がみずからを監視し、制御し、カードに記載する。われわれの遺伝子の型、眼の虹彩、車の登録ナンバープレート、これらのすべてが情報のビッグ・ブラザー〔ジョージ・オーウェルの小説『一九八四年』に登場する全体主義国家の独裁者で、国民はすべてこのビッグ・ブラザーの監視下に置かれるものと想定されている〕に従わされることになろう。個人は、将来、ロンドンの通りで、同じ日に三〇〇回以上も撮影されることになろう。すでに子どもの耳だけに聞こえる超音波を発する機械が発明され、子どもたちをスーパーマーケットの広場のような有害となりうる場所から追い出すようにしたり、「似たような同じひとびとのおびただしい群れが休みなく自分たち自身の周囲をぐるぐる回って、ちょっとしたありきたりの快楽を手に入れ、その快楽で自己の感情を満たしている」[1]。このようなひとびとの上に、「途方もない後見的な権力」がたちあがる。さらにトクヴィルは言う。この権力は、「市民が楽しむことを夢想するだけであれば、市民が楽しむことを愛する」。それは利己主義的で、孤立した、たえず自己自身だけを向いた個人である。それは経済学者によって演出された個人である。

『文化の中の居心地悪さ』におけるフロイトのメッセージは、気がかりなものである。文化は、死の欲動をひとりひとりの内部に押さえこむが、死の欲動は文化のなかにある。そこからつぎのような問いが生まれる。タビネズミ〔異常繁殖すると、集団移動により大量死する〕が押し合いへし合いして、断崖絶壁の高みから飛び降りるのと同様に、あるいはトナカイが荒れ狂う河に一

（1） Tocqueville, 1840, p. 385.

団となって身を投げるように、人類はみずからをせき立てて、無意識のうちに死へと向かいつつあるのではないか。そこには巨大な快楽が、あるいはすくなくとも巨大な安らぎを求める欲望がともなっているのではないか。

四年前、[2]当時九六歳だったクロード・レヴィ＝ストロース〔一九〇八―二〇〇九年、フランスの社会人類学者、民俗学者〕が想起していたように、人口統計学者は世界人口が二〇五〇年代にピークを迎える、と予言した。そのとき、人類は九〇億人に達するであろう。ついで、人口は急速に減少する結果、「数世紀にわたってわれわれの人類の存続を脅かすようになるであろう。いずれにせよ、多くの動物種および植物種を絶滅させることによって、人類はたんに文化的な対立だけでなく生物学的な対立をめぐる災禍をもたらすであろう[3]」。だから、大地を荒廃させた人類は、みずからの消滅を引き起こすことになるであろう。

人類が人口爆発に襲われることによって、無意識のうちに感じ取っているように、ともに生きるということがしだいに困難となりつつある。このことほどに現代の巨大な悲劇はない。そして、――小麦粉につくゴミムシダマシが、食料が不足し始めるよりもずっと前に、閉じこめられた袋のなかで時間をかけて中毒死するように――、人類はたがいに憎しみあうようになるだろう。というのも、人口があまりにも増えすぎるので、成員の一人一人が自由な空間、きれいな水、汚染されない空気といった基本的な財を自由に享受するこ

とができない、ということを密かな予知能力によって知るからである。(4)

われわれは自然を破壊した後で、われわれがみずからに抱く無意識の憎悪を介して、われわれ自身の犠牲となるであろう。イスラムの指導者が「汝は、われわれが死を愛するほどに生を愛してはいない」という不条理な言葉によってジハードの期待と近づく勝利を正当化することを、われわれは理解しなかったのではないだろうか。「死よ万歳！」というスペインのファシストの叫びは、イスラム指導者のこの恐るべき文言と並べると、なんとおめでたくみえることか！

人類はかぎりなく成長することによって、かぎりなく蓄積し、そうやって同じようにかぎりなく欲求を充足してきた。これに対して、クロード・レヴィ＝ストロース（一九四九年―、フランスの人類学者）が研究したカデュヴェオ・インディアン、あるいはフィリップ・デスコラ（一九四九年―、フランスの人類学者）が研究したアシュアール族は、おそらく極度に洗練された文化により、つましく暮らすように、自然と共生するように、みずからを律してきた。アシュアール族はエクアドルとペルーの国境にあ

（2）二〇〇五年五月一三日、アカデミー・フランセーズ（フランスの国立学術団体）でおこなわれた国際カタルーニャ賞（スペインのカタルーニャ自治州政府が、世界で文化的または学問的にめざましい活躍をした人物に贈る賞）の受賞演説において。

（3）Lévi-Strauss, 2005, p. 12.

（4）Ibid., p. 12.

るアマゾンのカパウィ河のほとりに住むが、かれらはこう考える。破局がみずからに襲いかかるのは、みずからが食べるのに必要な限度を超えてあまりに多くの毛の多い猿を殺した場合である、と。つまりそれは、みずからの親戚関係にある——とかれらが言う——もの〔猿〕に自分たちを結びつける微妙な均衡をうち砕いてしまうことである。このタイプの社会は、「書かれた文字、政治的集権主義、都市生活[5]」を知らない。これらの社会は、「知の蓄積、知の客観化および知の伝達において専門化された諸制度」をもたないがゆえに、銀行を、株式仲買人を、ヘッジファンドを、特許の登録における専門化された研究所をもたない。しかしながら、マーシャル・サーリンズ〔一九三〇年—、米国の文化人類学者〕が説いているように、これらのいわゆる「未開の」ひとびとは豊かさのなかで生きている。「狩猟経済、あるいは採集経済は、市場経済を特徴づけている希少性という強迫観念を知らないので、一貫して豊かさを当てにすることができる[6]」。いわゆる「未開の」ひとびとは、自然に対して友愛の関係をもつ。それは「親類縁者の関係」という言葉となってあらわれる。この友愛の関係から脱するために支払われた代償が、自然と労働の搾取であった。欲求と労苦は同じ根をもつ。アシュアール族には欲求もなければ、労苦もない。ただし、われわれは、この本のなかに、「自然回帰」のユートピアを想起してはならない。

　では、なぜわれわれはこのような自然との共生の状態から脱したのであろうか。新石器時代、遊牧民の定住化、農業と耕作、剰余の形成といった数々の謎がそこにはある。資本主義は、人類の進化の新しい特殊な段階にあるのだろうか。その通りである。そこには謎は何もない。資本主義は、発明と技術が財の蓄積へと迂回され、回路づけられ、組織的に応用された時代として定義される。たしかに、大規模商業が生まれたのは、古代人のもとであった。古代人は簿記・銀行・信用・保険の技術を知っていた。だが、大規模商業は、ほとんどが略奪と征服に依存していた。マルクスを再読するまでもなく、資本主義とともに自由な労働、商品交換、資本家階級、契約の自由を保障する近代的国家が発展する。とりわけイギリス産業革命は、生産における量的かつ質的な飛躍的発展を表している。資本主義は、人類史のものさしからすると、若い。資本主義は余命幾ばくもない、ということもありうる。労働生産性の爆発が資本主義を特徴づけている。それはいくつかのエネルギー源の内包的・外延的な利用をともなっている。エネルギー源としての石油は、近代世界の出現に際して本質的な役割を果たした。人口爆発は、化石燃料のとてつもない利用とともに起こった。

「なぜ資本主義はヨーロッパで誕生したのか?」というのは、歴史家にゆだねるべき問いである。[7] そして、歴史家はこの問いに満足のいくかたちで回答した。だが、われわれが読者に提

(5) Descola, 2005, p. 53.
(6) Sahlines, 1976, p. 38.
(7) Fernand Braudel, David Landes, Max Weber, Paul Bairoch を読まれたい。

示する回答は、それとは別のものである。資本主義は、技術を蓄積のために迂回させることによって、人類の胸の中にしまいこまれていた死の欲動への水門を広々とこじあけたのではないだろうか。もしこの回答がウィであれば、恐れていたことであるが、みずからを損なうことのなかった世紀から抜け出した人類を待ち受けているのは、有害な時代である。レヴィ＝ストロースが予言した人口統計の爆縮、およびいくつかの経済的・生態学的・政治的・社会的な破局は、荘厳でかつ悲劇的な数百万年の歴史を閉じるであろう。この歴史の過程で、古生物学者が考えているように、その当初はごくわずかしかいなかった種は、ほとんど絶滅してしまった。フロイトが究明した死の欲動は、そしてケインズが描いた貨幣愛および資本蓄積と結びついた死の欲動は、資本主義の出現およびその発展において本質的な役割を果たした。

エリ・ザレツキ〔米国の精神分析と近代家族史研究者〕は、精神分析の社会史および文化史の著述のなかで、死の欲動を「巨大な解放の力」として描いている。その力は、近代主義の出現においても、福祉国家の出現においても、本質的なものである、と。[8] だがかれはこう付け加えている。第二次世界大戦以後、精神分析は、とりわけ米国の精神分析は、そのほとんどが保守勢力の力となり、秩序維持の力となった。ザレツキと並ぶフロイト左派のもうひとりの代表者であるエーリッヒ・フロム[9]〔一九〇〇—一九八〇年、ドイツの社会心理学者、精神分析家、哲学者〕の言葉を借りれば、ほとんどの精神分析学家とその患者たちのブルジョア的起源と結びついたこの「応用理論」の地位へ向かう流れに闘いを挑んだのが、フロム、ブラウン、マルクーゼといった何人かの思想家であった。そのうちの何人かはフロイト＝マルクス主義の潮流と一体化したが、その潮流を開拓したのがヴィルヘルム・ライヒ〔一八九七―一九五七年、ドイツおよび米国の精神分析家〕とオットー・フェニケル〔一八九七―一九四六年、ウィーン出身の精神分析家〕である。かれらのなかには、『エロスと文明』（一九五五年）を著したマルクーゼ〔一八九八―一九七九年、ドイツ出身でユダヤ系出自の米国の哲学者〕や『エロスとタナトス』（一九五九年）を著した〔ノーマン・ブラウン〔メキシコ出身で米国の精神分析家〕がいて、かれらが生の欲動と死の欲動という命題を発展させた。しかし、フロイト学派のなかでは、この命題についての見解はけっして一致してはいない。ブラウンは、おそらく貨幣、資本主義、死に関してのフロイトとケインズの見解が一致していることを強調した最初の人であろう。だが、ケインズと同様に、ブラウンとマルクーゼも、当時の社会を手厳しく批判したにもかかわらず、遠い将来に関しては比較的楽観的であった。

五〇年後に、事態は著しく変わった。今日の経済的現実は、ケインズとフロイトの分析をずばり例証している。楽観主義はもはや通用しない。マルクーゼとブラウンは、おそらく最後の戦争であると信じたのであろうが、戦争はつねに人類の地平線上にある。二つのプレーヤーの

（8）Sahlines, 1976, p. 38.
（9）Fromm, 1980, p. 203-210.

あいだの恐怖の均衡〔冷戦〕がその時代をつくった。ソ連邦が崩壊した。局地的で地方的な戦争が増加する。民族浄化やジェノサイド〔集団殺戮〕は、ショア〔ナチスのユダヤ人絶滅政策〕とともに終わりはしなかった。爆弾が常態化し、テロリズムが出現した。生態学的・気候学的な爆弾が炸裂する準備を始めている。他方で、われわれは経済の深鍋のなかで金融危機をじっくりと煮詰め、さらにその危機を原料危機によって増幅させている。

新しいモンスターが現れた。中国である。オーウェルの出色の精神分析的言説を使えば、中国は独裁と市場を結婚させて、毎年発見される新しい石油資源の四〇%をせしめ、金属を独占し、米国に対する債券を蓄えている。そして、迷うことなく独裁的で、ジェノサイドの体制を支え、権力の意志を満たすために河の流れを迂回させたり、都市および工場を移動させようとする。ブラウン、マルクーゼ、そしてそのほかの多くの思想家たちは、あらゆる文明が規制緩和と金融のグローバリゼーションへと向かう資本主義のこの大転換を、つまり地球的規模での経済的希少性の支配へと向かうこの大転換を予測することができなかった。だが、経済的希少性は、現実原理〔快を追求し不快を避ける快原理に対して、現実の状況の中で快の追求を一時断念し迂回させる原理〕および死の欲動の原理というフロイトの抑圧の分析と緊密に結びついている。

ケインズの著作は、フロイトの著作に倣って、死の欲動をふくんでいる。両者のいずれにも見いだせるのは、貨幣の似たような概念である。ほとんどの経済学者が言うように交換を促進するために考え出された中立的な手段が重要なのではなくて、無意識のなかに深く埋め込まれた欲動、肛門性愛、死へと送り返される現実が重要なのである。二人の著述が頻繁に参照するミダス王の神話が、そのことを裏づけている。要するに、フロイトとケインズは、政治的な反乱においても、金融の投機においても、ともに作用している個人的なものと社会的なものの関係、群衆あるいは大衆の心理学、および模倣欲望の過程について、考えを共有しているのである。このふたりの類似性は、それだけでも著述に値するものであるが、その類似性を超えて、ケインズは、フロイトがエロスとタナトスの弁証法、生と死の弁証法を理解するために手にしていたのとは別の鍵を差し出した。ケインズは、ウィーンの師よりもはるかに楽観主義的であったにもかかわらず、人類にとって禍をもたらす結果を予兆させる概念を導入した。それがレント〔不労所得〕である。ケインズは死の欲動、流動性選好〔貨幣を安全資産として手元に保有しようとする傾向〕と、経済のレント化傾向とのあいだを結びつけた。もしも死の欲動に別の名前をつけるとするならば、〔マルティン・〕ルター〔一四八三―一五四六年、プロテスタント教会の源流をつくった宗教改革の指導者〕とフロイトが信じたように、「金利生活者の安楽死」である。ケインズが『雇用、利子および貨幣の一般理論』で望んだ「金利生活者の安楽死」というサタンは、悪および悪魔に対する回答であった。金融のグローバリゼーションは、このレント化傾向の新しい段階であり、おそらく最後の段階であろう。人類は、今後は、希少性の壁に追い詰められ、身動きできなくなるであろう。

奇妙なことに、宗教の創世神話においては、地上の楽園にあたえられた豊穣で過剰な財のなかで暮らすひとびとが身を滅ぼす道を選択し、その結果として、希少性、労苦、苦悩、飢餓、暴力がもたらされた、とされている。ひとびとが身を滅ぼす原因となった「善と悪の認識」とは、もうひとつの豊穣ともうひとつの過剰であった、と想像することができる。それが知の豊穣である。ひとびとは知を望み、もういちど歴史と経済のうちに入っていきたいという欲望に代価を払った。すなわち、今一度、欠乏、希少性、骨折り、不確実性、不幸という代価を支払ったのである。経済は堕罪とともに誕生する。

ひとびとがもうひとつ別の種類の豊穣の寄食者としての狩猟者‐採集者であるのをやめて以降、ひとびとに大量略奪が禁じられた。ひとびとが剰余を形成して以降、つまり農業時代に入って以降、ひとびとは蓄積するようになる。おそらく新規なことは、この蓄積が自分たちにとって危険であるということをひとが見抜いたことであろう。というのも、ひとはたんに「富」を蓄積するだけでなく、とりわけ廃棄物という否定的な財をも蓄積するからである。つまり、ひとは蓄積する以上に破壊しているからである[10]。

だが、このことを知ったことは悲劇ではなかったのか。さそりが河を渡る蛙を殺すのを止められないように、「それが自然だ」と言って殺すように、ひとはおそらく「それが自然であるがゆえに」その破壊的な進路を歩み続けることを受け入れる。というのも、破壊すること、およびロシアン・ルーレットのゲームをやることには多大な楽しみがあるからである。

ケインズはつぎのように将来を予想した。二〇三〇年ころに、ひとびとは希少性の問題についに終止符をうって、経済を格下げし、それに代わって文化、暮らしの技法、崇高なものの瞑想、友人との会話、恋愛関係に専念することができるようになるだろう、と。今日では、われわれは二〇三〇年というのが、ハバート・カーブ〔石油産出量がピークに達して、その後減少傾向をたどるカーブのこと〕がほぼ頂点に達する時代、つまり石油の需要が供給を上回る時代であり、この時期に平和神学の余地はないことを知っている。二〇三〇年とはもう目前のことである。この水平線上に、いくつかの経済的恐怖がすがたを現わす。富裕諸国の内部においても、国家間においても、格差が広がる。信じがたいほどの多額の貨幣が世界をかけめぐるが(11)、他方で、二〇億人以上の諸個人が最低生活条件以下で暮らす。ほんの一握りの略奪者が、地球に残されているものを、従順な賦役労働者の手を借りて、無造作に破壊する。略奪者たちは、スラム街で暮らす大多数の貧民から遠く隔たったところで孤立している。その一方で、中国、インド、ブラジルの何百万人かは、みずからの環境の未曾有の破壊と引き替えに消費者の地位を手に入れる。なぜ、あまりにも多くのものをもちすぎているこれらのひとびとが、さらに多くのものをたえず欲するのであろうか。ケインズはこの問いにこう答える。なぜこれらのひとびとは、

(10) ほとんどの経済学者が無理解なかにあって、ニコラス・ジョージェスク＝レーゲンは、一九七一年の著書『エントロピー法則と経済過程』において、この袋小路に警鐘を鳴らしたごくまれな経済学者の一人である。環境問題に関心が寄せられるようになるずっと前のことであった。

(11) このテーマについては、Morin, 2006を参照されたい。

このような破壊を楽しむのであろうか、それこそが真の問題である、と。ひとは隷従とみずからの周りに広がる死を楽しむ、フロイトはこう答える。二人の問題提起は一致する。資本の飽くなき蓄積、貨幣への死に至るほどの欲望、死の欲動は、たがいに不可分に結びついているのである。

ケインズとフロイトは、ずぬけて教養があり、博学であった。ケインズは、経済学者である以前に、数学者であり、歴史家であり、哲学者であった。かれは友人だったジョージ・ムーア〔一八七三―一九五八年、イギリスの哲学者〕、バートランド・ラッセル〔一八七二―一九七〇年、イギリスの哲学者、数学者、論理学者〕、ルートヴィヒ・ヴィトゲンシュタイン〔一八八九―一九五一年、ウィーン出身の言語哲学、分析哲学者〕、フランク・ラムゼイ〔一九〇三―一九三〇年、イギリスの数学者〕と議論した。ケインズはニュートンに夢中になり、錬金術にまつわる草稿（そしてなんとデスマスクまで！）を買い求めた。ケインズはまた、相対性理論と量子力学にも夢中になり、〔マックス・〕プランク〔一八五八―一九四七年、ドイツの物理学者、量子力学者〕やアインシュタイン〔一八七九―一九五五年、ドイツ生まれの理論物理学者〕と議論した。ケインズは稀覯書および図版の収集家で、母国の芸術界でも際だった発言者であった。フロイトのほうは、著作がアインシュタインによって絶賛された。フロイトは、人類学、歴史学、哲学、神話学、化学、生物学をけっしてないがしろにはしなかった。かれは若いころにジョン・スチュアート・ミルとシェイクスピアの原典を翻訳した。フロイトは、演劇、詩、彫刻に魅せられ、古代の丸彫り小像を収集した。それらは、おそらく一九二七年にノーベル医学賞を受賞したユリウス・ワーグナー・ヤウレッグ教授〔一八五七―一九四〇年、オーストリアの医学者〕の作品以上にかれを魅了した。フロイトはノーベル賞を受賞するに値するかと問われると、尊大にも、自分はおそらくノーベル文学賞をもらうだろう、と答えた。フロイトは、一九三〇年八月一八日にゲーテ賞を受賞した。いまではだれも、フロイトが書いたものの魅力を疑う者はいない。ケインズもまた言語の達人で、友人のヴァージニア・ウルフはかれの文体を絶賛した。ケインズにとって、表現方法と文体の美しさは、メッセージの伝達にとって欠かすことのできない要素であった。ところが、経済学は、すでに文章表現の粗雑さを特徴とするようになっていて、方程式が氾濫することによってますます曖昧なものになりつつあった。ケインズとフロイトがものを書いたのは、ひとに読まれるためであり、ひとを説得するためであった。ところが、今日では、ひとがものを書くのは、受け入れられたモデルにみずからを当てはめるためであり、自分の経歴を高めるためなのである。

〔ニコラ・ド・〕コンドルセ〔一七四三―一七九四年、フランスの哲学者、政治家、啓蒙思想家〕は貴族階級の消滅が自由と教育と進歩を生み出すと考えたが、そのコンドルセに倣って、ケインズは、金利生活者の消滅が貨幣愛から解放された世界を生み出す、ということを期待した。かれは貨幣愛をこの時代の主要な道徳的問題として考えた。ケインズは「知的ブルジョアジー」と呼びうるものに属しており、人類の進歩が存在することを信じていた。「知的ブルジョアジー」は、略奪的で、強欲で、俗物で、恥知らずな、というよりもおそらくは愚鈍な現代のブルジョアジーとはほとんど無縁である。現代のブルジョアジーは、いかなる理念によっても突き動かされることがなく、自己を賞賛することで満足する。フロイトはブルジョアではなかったが、かれはケインズと同様に、エリートに属するという意識をもっていた。ケインズの場合は、マルクスが信じたものとは反対に、きわめてフロイト的な愛と憎悪の関係を主張し、よりよき世界をもたらすのは、下層階級の反乱ではなく、博学で賢明で穏健な上流階級であった。上流階級は生活様式を決定する。というのも、上流階級は羨望を引き起こすからである。上流階級は、賢明さ、節度、読書好きと酒好きを絶賛し、友情と美を讃える。〔ソースタイン・〕ヴェブレン〔一八五七―一九二九年、米国の制度派経済学者〕はこう言った。上流階級の暮らしぶりは、社会全体にとって高潔さの規範を定義する、と[12]。

今日、われわれのコンドルセ、われわれのケインズ、われわれのフロイトはだれなのか。タイタニック号が氷山にぶつかったとき、すべての乗客は、船の部品よりも、自然よりも、船体が優位にあると信じ込んでいた。乗客が信じていたのは、技術が、不沈の船の素晴らしい技術が、乗客を救ってくれるであろう、ということであった。エリート――設計技師、船長、船主――は、壮大な船舶が沈み行くことを知って、愕然とする。船主は最初の救命ボートに飛び乗った。船主はわれわれの時代のブルジョアジーである。疑いもなく、ブルジョアジーはしゃにむにつき進んだあとに、卑劣な行為に走る。なぜ氷山で覆われた海に船舶という機械を押し出したのか。このエリートをそそのかしたのは、いかなる傲慢な無意識であり、そこにはいかなる

破局の欲望が隠されていたのか。ケインズとフロイトは、この疑問を解き明かしてくれる。(13)

＊　＊　＊

本書はフロイトとケインズの出会いを想起させるが、同時にもう一つ別の出会いから生まれたものでもある。経済学者のジル・ドスタレールとベルナール・マリスは一〇年近く前にトゥルーズで出会った。ドスタレールはそこに招聘された教授であり、マリスはそこの教師だった。二人は当然のごとくケインズについて語り合った。ケインズの作品は二人にとって、理論面でも、実践面でも、現代の経済思想の悪習と偏向に対する解毒薬であるように思われた。二人はまた、フロイトの思想についても共通の関心を見いだした。二人ともフロイトを長いあいだ知っていた。最後に、二人は、フロイトの思想とケインズの思想が密接に結びついていることにつ

(12) ヴェブレンの社会観および経済観は、ケインズのそれと多くの共通点をもっているが、フロイトともまた通ずるものがある。Schuneider, 1948を参照されたい。

(13) われわれは一九五九年に刊行されたノーマン・ブラウン (Norman Brown) の著書『エロスとタナトス』をとりあげたが、この著書が刊行された後、フロイトとケインズのつながりに対して強い関心を寄せるごくわずかな研究者が出てくるまでに二〇年以上も待たねばならなかった。この分野が探求されたのは、ウィンズローの一連の刊行物 (Winslow, 1986, 1990, 1992, 1995)、およびBonadei, 1994, Rebeyrol, 1998, Bormans, 2002 といった文献においてである。ケインズに関する著書としては、Mini, 1994, Parsons, 1997, Skidelsky, 1992もまた、この問題に取り組んできた。

いて同じ見解をもっていることを確認した。とりわけフロイトとケインズがたがいに密接に影響を及ぼし合っているということについて意見が一致した。二人の思想家は、人類の文明化を夢見ていた。ケインズとその友人たちにとって、精神分析はこの文化的な成就に貢献しうるものであった。というのも、精神分析は未知の領域や害悪に目を向けさせてくれるものだからである。

パリおよびモンレアール二〇〇八年一〇月

1　フロイトと死の欲動

「なぜわたしは胎内で死なないのであろうか。産み落とされてすぐに死ななかったのであろうか。
なぜわたしを迎えるために二つの関節があり、わたしに乳を与えるためにふたつの乳房があるのか」。

ヨブ、Ⅲ、11、12

「経験からして例外がないことを知っているように、もし生きるものすべてが内的な諸理由のために死に、非有機的なものに回帰する、ということをわれわれが受け入れるとするならば、そのときわれわれはこう言うしかない。あらゆる生の目的は死であり、過去にさかのぼると、生命なき状態が生命体に先立っている、と」。

フロイト『快原理の彼岸』一九二〇年

一九二九年七月、フロイトは休暇中に短い書物の原稿を書き上げた。それは、筆の赴くままに書かれた。おそらくそれはフロイトの最良の作品のひとつであった。不吉な前兆と言えるが、かれがこの書をしたためたのは、バイエルン・アルプスの町、ベルヒテスガーデンの近くで、この近くに、ヒトラーが山荘を建てた。『文化の中の居心地悪さ』というテキストのなかで、フロイトは「攻撃と自己廃棄への人間的欲動」[1]に言及している。それから二、三カ月ほどした一〇月二九日火曜日に「暗黒の火曜日」が炸裂した。一九二九年の金融恐慌である。それは、ナチズムと戦争の産婆役となった恐るべき経済恐慌の始まりであった。やや遅れて出たこの著作の第二版のなかで、フロイトは最後に一語を加えた。そこからわかるのは、エロスとタナトスとの永続的な闘争において最終的にどちらが優位に立つかはわからない、ということである。生の以前には非-生命体があり、生の以後には死がまたある。死はあらゆる生の結果である。同じ作品の二つの版のあいだには、危機が勃発しただけでなく、一九三〇年九月における帝国議会へのナチスの参入があった。

それより一〇年早く、一九二〇年に刊行された『快原理の彼岸』のなかで、フロイトは死の欲動の概念を導入している。[2]マックス・シュールは、一九二八年から一九三九年までフロイト

（1）Freud, 1930, p. 89.

（2）欲動は「本能」を意味するドイツ語の Trieb という単語を使うこともできるが、pulsion のほう

の主治医で、苦痛を取り除くモルヒネを投与していたが、フロイトがかなり早い時期から死が避けがたいという事態に向き合っていたことがわかる。フロイトはこの事態を若い頃に母から学び、その後で、若くして自殺および近親者の死を経験した。[3] 友人のヴィルヘルム・フリース[4]〔ベルリンの開業医で、フロイトと親しく書簡を交換していた〕との書簡からわかることは、かれが自己自身の死にとりつかれている、ということである。かれは自分が五一歳で死ぬだろう、そのつぎには六二歳で死ぬだろう、と確信した。だがかれは、八三歳まで生きた。

『快原理の彼岸』で発せられた仮説とは、生きることすべてが死の意志を有しているということであり、ほこりから生ずるものすべてはふたたびほこりに戻りたいという願望をもっている、ということであった。人類とは、二種類の欲動が争い合う場であり、二種類の欲動とは、「生を死に導こうと望む欲動と、たえず生の更新へと向い生を吹き込もうとする性的欲動」[5] である。それがエロスとタナトスの闘いである。この闘いは、性的欲動それ自身がサディスティックな要因をふくんでおり、したがって「快原理がたんに死の欲動に奉仕しているかのようにみえる」(p. 337) という事実によって複雑化される。

一〇年後に、『文化の中の居心地悪さ』のなかで、フロイトは破壊の欲動という理念を受け入れるのに固有の困難について言及している。「私にとって、それを受け入れるのにどれほどの時間が必要とされたか[6]」、と。「悪の否定しがたい存在」(ibid.) を受け入れることは難しい。おそらく戦争が、この理念を意識化するのに重要な役割を果たした。[7] 戦争は、かれが『文化の中の居心地悪さ』を予告する二つの試論「戦争が引き起こす幻滅」および「死へのわれわれのレポート」を書く上で示唆をあたえた。この二つの試論は、『戦争と死に関する時評』というタイトルで一九一五年に執筆され、刊行された。ひとびとは、国家がそうであるように、敵対

がフロイトの考えをよりはっきりさせる。

（3）Schur, 1975.

（4）フロイトとフリース（一八五八―一九二八年）は、たがいにきわめて親しく、一八八七年から一九〇二年までのあいだに何百通もの手紙をやりとりしていた。フロイトの手紙だけが残されていて、それらの手紙は、精神分析の誕生に関する情熱的な証拠でもある。二人の関係は突然に中断される。フリースはフロイトが両性性〔人間が生得的に男女両性の性的素質をもつこと〕に関する命題を剽窃した、ととがめた。フランスでは、この書簡は最近になって完成版のかたちで刊行された。Freud, 2006.

（5）Freud, 1920, p. 318.

（6）Freud, 1930, p. 62.

（7）フランク・ウィッテルによるフロイトの最初の伝記、およびほかの何人かが、『快原理の彼岸』における死の欲動の序文と、フロイトに深く影響を及ぼした娘ソフィーの一九二〇年一月二五日の死亡とのつながりを証している。フロイト自身はこの解釈に反対しており、自分は娘の死よりも前に自分の諸理念を展開していた、と主張している。さらに、ジャン＝ベルトラン・ポンタリスのような何人かは、世界大戦がこの理念を導入する際に決定的な役割を果たした、と考えている（Roudinesco et Plon, 2006, p. 69-70）。

関係が始まって以来、「残忍な行為、不実な行為、裏切り行為、残酷な行為」を犯してきた。「そのような行為を犯す可能性は、人間の文化水準とは両立しがたい、とみなされるであろう[8]」。それは幻想からの覚醒を引き起こす。というのも、われわれはまさしく人間の本性に関する誤った諸理念を保持しているからである。それは精神分析が明らかにしうる幻想である。たとえば、われわれは精神分析からつぎのことを学んだ。「同じ個人においては、強く愛することと強く憎むことの感情は、しばしば結びついている」(p. 134)。ひとは、完全に善なのでも、完全に悪なのでもない。ひとの悪の欲動、エゴイズムの欲動は、エロティシズム、愛の欲求、教育、文化によって闘いを挑まれる。われわれは「原始的な状態のままにとどまっている欲動的生活に対する文化の能力の総体を過大に評価する」傾向をもっている。つまり、「われわれはひとを、現実がそうであるよりも『より良き』人間だと判断するようにかりたてられる」(p. 136)。精神分析学的に言うと、ほとんどのひとは、自分が平均以上の暮らしをしていると思いこまされる。戦争は事態をむき出しにし、「近年の文化の堆積物」を廃棄し、「われわれのなかにある本源的な人間の姿をふたたびよみがえらせるのである」(p. 154)。

人間という存在は、自己自身を死なないものと思いこんでいるので、死を脇に押しやろうとする。同時に、人間存在は、自分を邪魔するものの死を、そしてときには自分の親しい者の死を、自分が愛する者の死さえも、無意識のうちに望む。人類がこの願望を押さえこむことができなかったとしたら、人類はとっくの昔に消え去っていたであろう。

エロスとタナトス

死の欲動を理解することの困難は、この欲動がエロスの背後に隠れていることから来ている。死の欲動は、喜んでエロスと結託する。「われわれが死の欲動を見抜くのは、もっぱらエロスの背後にある残り物として、なのである」[9]。フロイトはゲーテの『ファウスト』を引用する。そこで、悪魔は、はっきりと悪魔の敵を指し示す。「悪魔の敵とは、神聖なるものでも、善でもなく、自然の生殖力である」。死の欲動は、いわば悪魔によって「洗礼されている」。死の欲動とは平穏を追い求めることであり、生と結びついた苦悩を終わらせることである。無機物に回帰すること、「墓場の平穏」に回帰することが、安らぎをなす。「なぜわたしは胎内で死ななかったのか?」ヨブは叫ぶ。われわれが死の欲動のことをまったく知らないとしても、「フロイトが想像する詩的な虚構のなかでは、死は、逆説的な、それゆえ典型的な欲望の対象である。われわれを最後に欲望から解き放ってくれるもの、それはこの欲望の対象〔死〕なのである。それは言葉の二つの意味で、われわれの苦悩の終焉である」[10]。

（8）Freud, 1915, p. 133.
（9）Freud, 1930, p. 63.
（10）Phillips, 2005, p. 136.

はじめに苦悩がある。誕生、苦悩、われわれが物質的世界――端的に世界――との融合状態にあった瞬間を回復したいという欲望、分離が生まれ苦しみが始まる瞬間、「かぎりなきナルシシズムの再始動」[11]の欲望、溶融する過去、至福の原初的自閉症、誕生の衝撃に先だつ官能的な水浴。おそらくわれわれは、苦悩と美に隣接するこの「大洋の感情」[12]を通して、遠くのこだまを感知するのではないだろうか。この「大洋の感情」は、崇高さ、詩的なもの、無限なるもの、聖なるものに送り返される。それはときにわれわれの心臓を締めつける。

世界を解体し尽くそうとする意思は、われわれの本源的な自殺欲望である。だが、母の愛は、われわれを救済するためにある。その母の愛とともに、即座にもうひとつの苦しみが、分離という苦しみが、分裂という苦しみが、対象の喪失という苦しみが、生まれてくる。この対象を失うという苦しみに対して、またしても他者を慰める愛が対応する。この無限の動態的運動――というのも、このような慰めが増せば、それに見合う苦しみも増すからである――を通して、教育および文化という形式の下で生きることへの制約が少しずつうちたてられていく。

性生活の諸起源の精神分析に関する書物において、シャーンドル・フェレンツィ[13]〔一八七三―一九三三年、ハンガリーの精神分析医〕は「海への退行、すなわち古代においてうち捨てられた大洋への復帰願望の理念[14]」に言及している。ノーマン・ブラウンは、この退行を、「母の胎内への復帰願望」として、「生が個体性を受容する能力の欠如」として、「病的な死の本能[15]」として、解釈する。マルクーゼとノーマン・ブラウンは、死の欲動を、ニルヴァーナ〔涅槃、すべての煩悩が消滅した安らぎの境地」に、つまりこの「快と死の恐るべき一致」[16]に、休息の快に、緊張の果ての静的な状態への復帰の快に、結びつけた。死への歩みは、苦痛と欠乏――それらはあらゆる文明化の過程における人間のたえざる伴侶なのであるが――から逃れようとする無意識の逃亡である。

（11）Freud, 1930, p. 14.
（12）フロイトは、ロマン・ロラン〔一八六六―一九四四年、フランスのヒューマニズム作家〕に『ある錯覚の未来』の複写を送った。ロマン・ロランは、一九二七年一二月五日にフロイトにこう書いた。「宗教に関するあなたの分析は正しい。しかし、わたしは、あなたが自然にわき上がる宗教感情の、より正確には宗教感覚の分析をしてほしいと思います。……わたしがこの宗教感覚によって理解するのは、……永続的なものの感覚という単純で直接的な事柄です。それは、正しくは永続的なものではありえず、ただたんに知覚可能な限界をもたない、大洋のようなものなのです」（O. C. vol. 18. p. 143）。一九二九年七月一四日に、フロイトは、ロマン・ロランに『文化の中の居心地悪さ』のなかで、「大洋の感情」という概念を用いることについて許しを請うている。
（13）フロイトにもっとも忠実な弟子で、一九一二年以降に召集された「秘密委員会」のメンバーであったフェレンツィは、一九二〇年代にフロイト正統派から遠ざかる。
（14）Ferenczi, 1924, p. 90.
（15）Brown, 1959, p. 358.
（16）Marcuse, 1955, p. 34〔マルクーゼは、死の欲動を「子宮のニルヴァーナに帰ろうとする衝動」（邦訳四七頁）と呼ぶ〕.

それゆえ、われわれは、潜行する死の欲動が消え去ることのないままに生きており、生きることを受け入れている。死の欲動は、われわれのうちでひそかにくすぶり、それが破壊と攻撃の性向へと転換する。フロイトが言うように、「ひとには生まれつき『悪』への性向、攻撃と破壊に向かう性向、そしてそれによってまた残忍性へと向かう性向がある」[17]が、それを取り上げることをひとは好まない。「攻撃への性向は、人間の本源的で自律的な欲動である」(p. 64)。この性向は死の欲動の息子である。この欲動に抗して、生の欲動が闘い、文化が闘うのである。それは人類の決定的な闘いへと導く。

このすべての背後に隠れ、普段は否定されている実際の現実の部分、それは人間が愛を求める温和な存在、したがって、せいぜい攻撃されたときに身を守ることのできる存在などではなく、その逆に、欲動のさまざまな傾向のなかでも攻撃へのきわめて強力な性向をかなり強く、当然のこととして有している、ということである。したがって、隣人は、自分にとってたんに手助けや性的対象となりうる存在なのではなく、誘惑である。つまり、隣人は、自己の攻撃性を満たしてくれる誘惑であり、埋め合わせなしに隣人の労働力を搾取し、合意なしに隣人を性的に利用し、隣人の所有物をわがものとし、隣人を侮辱し、隣人に苦痛を引き起こし、隣人を虐待し、隣人を殺害するという誘惑なのである[18]。

こうも言うことができよう。死の欲動に抗する闘争において、生の欲動が発揮する偉大な知性あるいは偉大なる力は、死の欲動を迂回させ、死の欲動のエネルギーを利用して、人類の利益のために自然を開発し破壊するのだ、と。この「迂回させる」という言葉は、われわれは後に立ち返るが、資本主義的な投資と蓄積の原理に差し向けられる。だが、そうであるとしても、われわれは死の原理が人間のあらゆる建設的な努力の構造と実質そのものに組みこまれている、という仮説を受け入れざるをえない。この理由のために、「進歩」は、しだいに破壊的となっていく諸力を抑圧し利用するのである。

生の欲動は、個人のなかにある。生の欲動は、個人をつき動かして、種の存続を保証するために他者と結合するようにする。それは、ただちに、もうひとつ別の平面に、つまり社会生活・文化・集団という平面にみずからを位置づける。生の欲動は、集団的な性格をもつ。それは「汝殺すなかれ」という律法において現われる。殺人者であるわたしは、平穏を望み和解を調停する文化によって拒まれる。文化はわたしを愛へと送り返し、愛することを義務づける。個人(死)、集団(生)、すべてが最悪の世界のなかで最小の悪に向けて歩んでいく。生命力が死の力に対置される。集団・法・超自我がつねに個人に対して勝利するであろう、と考えてもよかろう。

(17) Freud, 1930, p. 62.
(18) Ibid., p. 53-54.

だが、なんということか。そこに二つの重大な問題が生じてくる。第一の問題は、われわれが死の原理をニルヴァーナと結びつけることによって想起したように、この死と破壊の欲動は、われわれを平穏にし、幸福の輝きを帯びる。この欲動は、サディスティックでエロティックな内実をともなっており、われわれに異常な満足をあたえる。「だが、死の欲動は、性的な意図なしに生ずるところでさえ、そして見境のない破壊の猛威を振るうところでさえ、その欲動を満たすことは、異常に高いナルシスティックな享受と結びついているのであるが、このことをひとは知らない。死の欲動は、自我に対して、自我の従来の無限の願望が成就されるということをみせてやるからである[19]」。死の欲動にしっかりと根を下ろしたサディズムは、「愛の傾向と破壊の欲動とのとりわけ強力な混合物のひとつ」(p. 61)である。マゾヒズムはナルシスティックなサディズムである。マゾヒズムにおいては、この愛‐破壊が自己へと、つまりわれわれ自身の内部へと向けられる。それゆえ、破壊の享楽が存在する。苦悩と快楽が引き起こされることによって、あるいは苦悩と快楽を被ることによって、協奏曲が奏でられる。

第二の問題は、大衆の心理学に由来する。それはまったく致命的なものでありうる。ひとびとは、「夜を恐れるがゆえに」、ともに生きる。それは、苦しみを追い払うためである。だが、ひとびとの集団はけっして平穏なものではない。それは不安定な化学的合成物であり、この合成物は破壊的なものとなりうる。実際のところ、集団的な生の欲動は、まちがいなく個人的な死の欲動をたえずふくみこんでいるのであり、この死の欲動がまた集団的で破壊的な欲動に凝集することもありうる。経済問題と資本主義が介在するのは、まさにここにおいてなのである。

抑圧と現実原理

フロイトは、希少性と迂回という経済の二つの根本的概念を自分のものにした。しかも、それだけではない。ケインズの著作において心理学がいたるところに登場するのと同様に、フロイトの著作においても経済学がかなりの地位を占めている。たとえば、フロイトはつぎのように書いている。「自分にとって可能だと考えられるほどほどの意味での幸福は、個人的リビドー経済〔性衝動にもとづくエネルギーの経済〕の問題である。……まるで自分の資本のすべてをたったひとつの投資につぎこむのを避ける用心深い商人のように、生の智恵もまた、おそらくあらゆる満足をたったひとつの傾向から期待しないように忠告する」[20]。

欲求・希少性・必要性、これらは経済学者が解き明かす方程式である。経済学者が提示する解は、生産・蓄積・分配・消費のなかにある。フロイトはそれらの事柄をいくぶんちがった風に述べる。人間は、快原理の法則のもとでは諸種の動物的欲動の束にすぎないから、必要性、

(19) Ibid., p. 63-64.
(20) Ibid., p. 26-27.

あるいは外部性とは衝突する。快楽がそのままあふれ出ると人間は死へと導かれるので、人間は快楽を抑圧することを学び、人間は有用なものと理性を発見する。人間は現実原理を発見するのである。

フロイトは、死の欲動の構想を練り上げる一〇年ほど前に、別の対になる概念を発見していた。「快原理／現実原理（Lustprinzips/Realitätprinzips）」がそれである。「ひとは、利用可能な快楽の諸源泉にしつこくつきまとわれ、それらの諸源泉を断念することが困難になる」が、快原理が立ち現れてくるのは、「そのしつこさと困難さ[21]」において、である。快原理は直接的であり、この原理は心理的過程の展開を調整する。快原理は、母の胎内における生育の行動を支配する。徐々に、とりわけ教育を通して、ひとは快原理を飼い慣らし、それをのりこえ、それを現実原理に置き換えていく。直接的満足の原理を延期し抑制することによって、快原理は、外部の現実に適応することができるようになる。だが、快原理はそれでもなお消え去ることはない。われわれがこの原理を断念させられたとしても、そうである。たとえば宗教が強いる、地上の快楽の断念は、永遠の幸福の約束に結びつけられる。経済においては、直接的消費を断念することによって、将来、より多くを消費することが可能になる。それが投資の定義である。投資は、直接的破壊つまり消費を断念し、行為を延期することによってより多くの将来の消費を可能にする。それはまさしく、より多くの将来の破壊のために現在の破壊を延期することである。それは、もっと後になってより巨大な力でもって死の欲動を表現するために、今日における死の欲動を制限することなのである。

フロイトはこう書いている。快原理と現実原理との関係である「われわれの動物的装置の一般的傾向」は、「貯蓄と支出の経済原理[22]」に還元することができる、と。経済に応用された現実原理は、合理化の原理であり、生における将来、および投資の導入の原理であり、将来のために現在を拒否する原理である。「だから、生殖細胞は生命実体の死に逆らって働き、生命実体のために、われわれにとって不死の可能性をもつとみられるものを手に入れることに通じているのである。たとえこのことによって、おそらくは死への道のりをただ引き延ばすにすぎないとしても、そうなのである[23]」。死への道を引き延ばすことは、生産の迂回である。生産の迂回とは蓄積である。こうして、諸種の欲動は、それらの目標を迂回させられる。文明が始まるのは、諸種の欲求を総合的に充足するという原初の目標が断念されたときなのである。

精神分析と経済学のこのような相似変換は、ケインズを魅了しないわけがなかった。欲求の無限性――快原理と諸種の欲動が飽くことを知らないという性格――が自然の希少性と対立するということは、すでに政治経済学によって語られている。経済学が合理性および供給と需要という言葉で語っていることを、精神分析は抑圧、および快原理と現実原理とのあいだの永続

(21) Freud, 1911, p. 16.
(22) Freud, 1920, p. 312.
(23) Freud, 1920, p. 312.

的運動という表現で語るのである。存在のための永続的闘争は、欠乏に抗する闘争である。欠乏は、欲求の解放された充足を禁ずる（経済学）し、本能的な欲動を禁ずる（精神分析）。「人間社会の動機は、究極的には経済的な動機である。人間社会は、その成員がみずから働くことなしに生存していけるだけの十分な食料をもっていないのであるから、成員の人数を制限して、かれらの性的活動のエネルギーを労働に向けて方向づけなければならない」[24]。フロイトの構想の核心にあるのは、諸種の欲動が欠乏の管理によってたえず抑圧される経済的動態なのである。現実原理はたえず再建されなければならない。社会がその仕事を引き受けることによって文化と法が生まれる。文化と法は、『トーテムとタブー』で語られた父の殺害によって傷ついたのではないか。そして父の殺害によって、文化は抑圧と罪責感の広大な過程となったのではないか。おそらくそうであろう。人間は、幼少のころから抑圧され、原始部族から現在の社会にいたる文明の成長は、それとともに罪責感を引きずってきた。人間存在は死の欲動を抑圧する。もっとのちに、より増幅したかたちでその欲動を充足するという約束とともに、死の欲動を抑圧するのである。

ほとんどの経済学者にとって、貯蓄することは消費を慎むこと、つまり欲求の充足を慎むことに等しい。そして投資することは、消費財を直接的に生産する労働を迂回させて資本を形成することを意味する。だから、欲求を抑圧し、欲求の直接的充足を拒否することによって、貯蓄し、生産を迂回させることが可能となり、エネルギーと労働を資本の形成に利用することによって、投資が可能となる。生産の迂回を、分業を、資本蓄積を、技術と生産の進歩を強化することによって、自然の破壊が強められることになる。

フロイトにとって重要なことは、死の欲動を迂回させることであった。自我の原初的破壊を外的世界へと迂回させることは、技術進歩をはぐくむ。死の欲動の抑圧が重要になればなるほど、労働におけるリビドーの昇華はますます強くなり、病的傾向に加えられる抑圧がますます高まり、技術がますます強力になり、蓄積がますます重要になる。そこには、二つの注意が求められる。人間は自然を攻撃する。[25] あるいは、マルクーゼのように言うならば、「それゆえ、技術的で建設的な破壊を媒介にして、自然の建設的な侵犯を媒介にして、諸種の本能が生の破壊をめざしてさらに作用するであろう[26]」。

死の欲動は、生を破壊するという目的を追求する。だがその目的は、生の欲動によってたえず遅らされ、その目的の追求を通して迂回させられる。迂回はしだいに大規模になる。経済におけるの生産のこの迂回は、資本蓄積という形態をとる。生産の迂回が引き延ばされれば引き延ばされるほど、最終的生産に到達する時間はますます長くなり、生産過程において経過する時間はますます重要になり、市場と消費から排除されて蓄積に参加する人と機械の数はますます

（24） Freud, 1916-1917, p. 322.
（25） Freud, 1930, p. 20.
（26） Marcuse, 1955, p. 83.

多くなり、蓄積はますます強まる。[27] 同じようにして、死の欲動を迂回させることによって、より強力な資本蓄積が可能となる。われわれは決定的な瞬間を遅らせるために蓄積するのだ。われわれが蓄積するのは、死へと向かうのをできるだけ遅らせるためなのである。[28] だが、われわれが強制し蓄積するこの致死のエネルギー全体は、一つの運命だけを渇望する。解放される、という運命がそれである。今日、しだいに拘束を解かれ規制を緩和された金融資本主義のグローバリゼーションの時代においては、エロスに課せられた永続的な諸制限がしだいに生の欲動を弱め、原子力発電所の放射能漏れがそうであるように、破壊の諸力を解き放つ。生の欲動がこの破壊の諸力に対抗するために増援を求められてきたにもかかわらず、である。マルクーゼにとって、「強制収容所、ジェノサイド、世界戦争、原子爆弾は野蛮のぶり返しではなく、技術と支配の近代的な征服がもたらした狂気の諸帰結なのである」。[29]

人間と動物の生の破壊が同時に文明の進歩を推し進めたという事実、ひとびとの残忍性、憎悪、科学的な大量殺戮が同時に抑圧を廃絶する現実的な能力を発展させたという事実、……これらの事実は、あらゆる合理性のかなたにある破壊能力を永続化する本能的な根源を有しているのではないだろうか。[30]

たとえば、強制収容所は、ボーア戦争〔一八八〇―一八八一年、および一八九九―一九〇二年の二回にわたっておこなわれた南アフリカの植民地化をめぐる大英帝国とオランダ系アフリカーナーのボーア人との戦争」のあいだに有刺鉄線の発明のおかげで創造され、ついでヒトラーのドイツとスターリンのソ連邦における工場で改善され、モデル化されており、それは技術進歩の成果の一つである。

資本主義は、生産性の増大と蓄積のために時間が組織的に捧げられる人類の文明化の時代である。言い換えると、人間的時間が人間的時間の「拡張」に捧げられる人類の文明化の時代である。この世界では、アキレウスが亀を追いかけるが、アキレウスはけっして亀に追いつかないようにして、すべてが進行する。亀を捕まえるということは、資本主義の時代の終焉を、つまり死が勝利する瞬間を意味するであろう。文化はこの時間を「拡張させる」ように働きかける。文化はこの道を延長することによって、死を遅らせる。時間の拡張という将来の見通しにある。

(27) ベーム=バヴェルクからハイエクにいたるまで、投資を「生産過程の迂回の引き延ばし」として考察する投資理論をうちたてたのが、オーストリー学派にかかわる経済学者たちであった。しかしながら、ハイエクの場合は、利子率をあまりにも低くして投資が刺激されすぎると、投資のほうが当事者の貯蓄する意思に比して強くなりすぎるため、経済は必然的に危機へと導かれる。つまり、過剰投資が危機を引き起こす。ケインズの場合は、その逆に、投資の不足こそが危機の起源であった。Dostaler, 2001 を参照。

(28) われわれが次章で見るように、ケインズは蓄積欲動についての完全に似たような構想を発展させた。

(29) Marcuse, 1955, p. 16.

(30) Ibid., p. 83-84.

気を煩うことは、カルペ・ディエム〔「一日を摘み取れ、今日を楽しめ」。人生の短さを歌ったホラティウスの詩句〕、つまりひとが過ごす時間とは、正反対のものなのである。ゆっくりと時間をかけること、それは時間を蓄積することではないのだ。

資本とは、享楽を排除する時間的な迂回である。その逆に、死の欲動は、消滅という直接的享楽である。生の欲動は、経済学者によって「成長」という洗礼名を授けられる。成長は希少性の否定である。モアからマルクスにいたるまでのユートピア思想が最終的に経済問題を乗り越えるために豊穣を約束するのは、経済がもっぱら希少性によってのみ存在するからである。『わが孫たちの経済的可能性』でケインズが説明したのは、経済問題がいかにして克服され、マルクスのユートピアにつながるか、ということである。マルクスをあれほど毛嫌いしていたケインズが、である。

生の欲動は、生存のための集団的闘争を、つまり希少性に抗する闘争を引き起こす。この闘争は欠如、苦しみ、喪失、苦悩の概念に訴える。最初の欠如という苦しみは、母との一体感が徐々に消えていくことによって生じてくる。母胎を失うということは、それと引き替えに経済問題を引き起こす。ここで子どもは、過酷で不毛な自然のど真ん中に投げこまれ、苦しみにつきまとわれ、希少性の厳格な法則に従属させられる。この自然に投げ込まれた状態は、われわれの苦悩の第二の源泉である、とフロイトは言う。苦悩の第二の源泉は、「強力で、猛威を振う、破壊的な力でもってわれわれに対して吹き荒れる外部の世界から[31]」生まれてくる。

第一の苦悩の源泉は、われわれ自身に、われわれのたんなる存在に、「衰退と崩壊の定めにある……身体自身に」（ibid.）由来している。第二の苦悩は、われわれの死の欲望を、つまりわれわれが非有機的なものに復帰したいという欲望を創造した。第三の苦悩の源泉は、おそらくわれわれがもっとも痛ましく感じる苦悩であるが、それは「他の人間との関係から」（ibid.）やってくる。地獄とは、他者のことである。[32] だがここで重要なのは第二の苦悩の源泉である。欠如、希少性が技術の出現を促したのである。

技術、あるいはいかに神に似せるか？

希少性に抗して、火が、家屋が、塩漬け肉が、要するに技術が、現われる。「人間共同体の成員として、ひとは、科学によって導かれた技術の助けを得て自然を攻撃する道へと進んでいく。そして自然を人間の意思に従える」[33]。

（31）Freud, 1930, p. 19.

（32）この有名な文言の著者であるジャン＝ポール・サルトルは、壮大でめくるめくような作品をフローベルに捧げた。そこでサルトルは、死の欲動というフロイトの概念を大いに活用している。「死とは、生のけいれんであり、それこそ、フローベルにふさわしいものである」(1988, p. 227)。

（33）Freud, 1930, p. 20.

だがこの目的は、けっして完全には達成されない。「われわれはけっして完全に自然を支配することはないだろう。われわれの有機体はそれ自身がこの自然の一部であり、つねに生成途上のままであり、適応と能力において限定されている」(p. 29)。

技術は希少性を後退させ、われわれを悩ませ、われわれの苦悩を和らげてくれる。ただし、なんと代償がかかることか！　文化はわれわれを苦しめる。「われわれはつぎのような驚くべき主張にぶつかり、そこで立ち止まってしまうであろう。その主張によれば、われわれが文化と呼んでいるものこそ、われわれの貧困に責任を負っているほとんどのものだ、というのである。われわれは文化を捨てて原始の状態に復帰するならば、より幸せになるであろう、と」(p. 29)。

技術は文化にとって不可欠な要素である。「ずっと遠くまでさかのぼると、最初の文化的行為は、道具の利用、火の手なずけ、住居の建設であった」(p. 33)。人間は技術によって苦しみから解放されると信じることができた。人間は生活するのに必要な物をおおいに蓄積した。人間はしだいに長生きするようになり、生まれたときの生きる望みも高まった。医学の進歩と蘇生法によって、人間は両親よりも余計に生きることができるようになる。たしかに、この余分に長生きする年数は、二〇歳や二一歳の時期にさしはさまれるわけではない。長生きする余分の年数は八〇歳の寿命のあとに加えられるのである。それは多くの人にとって、苦難の年に、たいていは生涯でもっとも過酷な年になる。だから、幸福という問題は、技術進歩によっては解決されない。「こう言ってよいだろう。人間が『幸福』であるように、という意図は、『天地創造』の構想にはふくまれてはいない、と。……だから、それゆえ、われわれの幸福の可能性はすでにわれわれの成り立ちによって制限されている。不幸を経験するほうがずっとたやすいのである」(p. 18-19)[34]。

幸福とは新しい理念ではないし、ましてや集団的な理念ではない。いずれにせよ、人間が技術によって生産性を飛躍的に高め、技術が人間の欲求および幸福の望みに応えたことに変わりはない。それは、不幸と技術との永続的な闘争を通じて望まれたものであるように思われる。この技術は、なによりもまず、われわれの快原理を満たすためのものである。快原理はわれわれが幸福になるように強いる。快原理は、「快楽を得るという目的の肯定的な内容であれ、不快を避けるという否定的な内容であれ[35]」、幸福を特別に重視する。第二に、技術は、われわれがわれわれ自身の身体にもたらす苦悩に、つまり「われわれの身

(34) フロイト著作集から引用したこの文言の最初の部分の翻訳はあいまいである。Ch. et J. Odier の旧版の翻訳(『フランス精神分析雑誌』第七巻第四号に「文明の病」というタイトルで一九三四年に刊行された)のほうが明解である。「人間が『幸福』であるということは、『天地創造』の構想には入っていないことだ、と言いたくなる。」(ジャン＝マリ・トゥレンブレーが編集した『社会科学の諸古典』の改訂版の一六頁)。
(35) Freud, 1930, p. 26.

体の老衰」（p. 29）に際して、われわれを援助するためのものである。近代経済においては、医療と教育の支出が国内総生産のかなりの部分を吸収している。こうも言うことができる。近代資本主義の主要な支出は、介護、身体の回復、高齢者の維持の支出である、と。第三に、技術は、まさにわれわれがわれわれの苦悩のもうひとつ別の源泉である「自然の超越的な力」（p. 29）に抗する闘争を援助するためのものである。

われわれは自然を支配することはけっしてないであろう。たとえ、われわれが自然を廃棄物に転換したとしても、そうである。自然はつねにそこにあるだろう。たとえわれわれの生産性の進歩によって自然に対するわれわれの飽くなき闘争が裏づけられたとしても、そうである。「人間はあらゆる補助器官（技術の器官）を夢見るとき、いわば真に壮大な一種の人工器官の神になった」（p. 34-35）。人類の偉大な進歩によって、人間は飛行し、泳ぎ、視力を超えて眺め、遠距離のコミュニケーションをおこない、過去の音や映像を保存することができるようになった。この動きは一九三〇年で止まらないだろう、とフロイトは言う。「文化の領域では、遠い未来の時間が新たな進歩をもたらし、その進歩がどこまで広がるかを真に思い浮かべることができないほどになり、ますます神と似てくるであろう」（p. 35）。人間は進歩の道に参画して、みずからの身体器官を人工器官によって改善していく。スポーツの世界では、政治の世界、およびおそらくは他のいくつかの世界と同様に、合法的、非合法的な補助器官によって、能力の限界が消え去っていく。資本の蓄積は、神の接近をかぎりなく迂回させる。神への漸進的な接近[36]は、われわれの永遠の欲望を、死を遠ざける欲望を包含している。この欲望によって、われわれはきわめて特殊な仕方で西欧社会における時間に従属させられる。ひとびとは時間を稼ぐ。それゆえ、死の欲動に抗して、文化と技術が、ひとびとの永続性の欲望に応える。「だが、今日の人間は神と似ていることによって、自分を幸福だとは感じていない」(ibid.)。

技術を進歩のベクトルとして組織的に利用することは、資本主義を文明の他の諸画期から区別する。技術と科学に純粋に道具的な寄与を強いる傾向は、科学と真理との関係を混乱させる。フロイトは、新しい産業社会と農耕を本質とする古い社会とのあいだに本質的な切断があるとは考えなかった。切断があるとしたら、それは狩猟・採集者と蓄積家とのあいだの切断であり、狩猟・採集者と農業者・都市住民および商人との切断であり、ついで狩猟・採集者と産業家とのあいだの切断である。前者のひとびとは豊かさのなかで暮らし、後者のひとびとは希少性のなかで暮らす。それでもやはり、農耕社会と都市社会とのあいだにはちがいがある。資本主義が生まれてくるのは、都市社会からである。資本主義は剰余によってのみ存在しうる。産業革命はかなりの農業剰余の存在によって可能となり、人間の生産性の間断なき成長という新しい時代を切り開いた。そこでは、科学が科学 - 技術〔テクノ・サイエンス〕であるように促される。

(36) Maris, 2006, p. 297-298. を参照。

グローバリゼーションと蓄積

フロイトにとって、個人と集団はたがいに密接に結びついた二つの概念である。ケインズも同様である。ケインズは、集団的なものは個人の総和にすぎないという大多数の経済学者に異議を申し立てる。フロイトの個人は、ケインズの個人もそうであるが、最初から集団的な存在である。集団は言語活動によって生まれ、言語活動によって肥大化していく。言語活動がなければ、ひとはその親類である猿にも劣るであろう。だが同時に、人間は集団的であるだけではない。もしそうだとしたら、シロアリの巣が人間の機能様式になるだろう。たしかに、アリやミツバチが自主性をもたないのと同様に、ひとも自主性をもたないであろう。アリやミツバチにしても、人間の身体における諸種の細胞が自主性をもたないのと同様に自主性をもたない。たとえ、人類がシロアリと似たような組織に向かって導かれている、ということがありうるとしても、そうである。「アリ、ミツバチ、シロアリといったそれらの（動物たちの）あいだでたがいに何千年ものあいだきわめて深刻な闘いが行われてきた。そしてついに、これらの動物は今日、目を見張るようなそれぞれの機能の配分と個体性の制限を見いだしたのである[37]」。

自我は苦しみに満ちたものであり、攻撃的であり、自己破壊的なものである。自我は権威の名において自我を防衛する集団と衝突する。だが、自我を苦しみから防衛しようとすれば、自我の苦しみはますます高まる。経済学者は、投機が維持される金融バブルの雪だるま現象をよく知っている。ひとは投機に逆らって投機を行い（たとえば、リスクヘッジ市場で安定化を図ろうとする）、そしてそうすることで、さらに投機を増やす。マルクスが考えたように、資本の循環においては、貨幣はたえずより多くの貨幣を生む。個人はこのダイナミックな運動のなかに飲みこまれる。このダイナミックな運動が今日グローバリゼーションと呼ばれるものの姿をとっている。

それゆえ、人類の運命は、しだいに大きくなる実体を創造することである。「文化の主要な傾向のひとつは、ひとびとをより大規模な諸単位にまとめあげることである」[38]。これらの大規模な諸単位は比較的安定している。だが、それらの単位はときにたがいに衝突することがある。技術の不可避的な傾向は、世界を均質化することである[39]。この傾向はいまや頂点に達している。今日、シチリアの最果ての村落の最小家族における内輪の殺人が、パリで集団的な感情を引き

（37）Freud, 1930, p. 65. フロイトのこの注は、ウェーバーの鉄の檻、あるいはオルダス・ハクスリーの『すばらしい新世界』の比喩につながっている。
（38）Freud, 1930, p. 46.
（39）世界の均質化、商品化、統一化は、もう一つのグローバリゼーションを目ざすひとびとの重要なテーマとなっているが、この世に新規なものなど何もない。マルクスとウェーバーは、すでに「画一的な地球」に言及していた。そして、やや遅れて、ポランニーとケインズもそうであった。

起こしている。われわれは情報によって全面的にひとつに結びつけられている。情報はやはり理性の飽くなき発現である。その理性が世論と世界の意味をつくりあげる。

『トーテムとタブー』のフロイトによれば、集団の教育もまた、さまざまな病的な傾向を後退させる。ブラウンが述べているように、「社会性とは病である。……歴史とは個人によってつくりあげられるのではなく、集団によってつくりあげられる。……精神分析の視点からすると、人間の社会性の病的な性格を承認することは本質的なことである」[40]。このことによって、ブラウンは皮肉な疑念をもって、個体性を否定することができた。「もし死が生に個体性をあたえ、人間が死を抑圧する有機体であるとするならば、そのとき人間は自己自身の個体性を抑圧する有機体である」(p. 132)。われわれの自尊心は一撃を食らう。「野の百合の花はこの個体性を保有している。というのも、野の百合は明日のことを思い煩うことがないからである。だが、われわれは個体性を奪われている」(ibid.)[41]。フロイトもそれ以外のことは言わなかった。

個人の権力を共同体の権力によって置き換えることは、文化の決定的な歩みである。その本質は、共同体の成員がみずからを自己の満足の可能性のなかに限定することにある。これに対して、孤立した個人はこの種の限定を知らない。……個人的自由は文化の賜ではないのだ[42]。

フロイトもケインズも、個人の自律を信じなかった。個人の自律は、経済学者が独占する寓話である。個人は不穏で、欲求不満で、貪欲な群衆のなかに浸りこんでいる。この群衆に対して巨大な文化的圧力が、そして蓄積の無際限な運動がのしかかる。蓄積は諸種の欲動を犠牲にして作り上げられる[43]。

フロイトは言う。ひとびとは、文化的労働によって諸種の欲動を浄化するよう余儀なくされる。というのも、人間が「文化的な目的に費やすもの、人間が文化的労働を引き出すのは、その大部分が女性からであり、性生活からであるからである」[44]。人間が文化的労働を引き出すのは、「たえずひとびととともにいる、という事実においてである」[45]。文化は、「経済的必要性の制約

(40) Brown, 1959, p. 132-133.
(41) ブラウンが野の百合の記述をケインズから拝借した、と言っているのは、ありえないことではない。ケインズは、『わが孫たちの経済的可能性』のなかで似たような意味でそれに言及している。
(42) Freud, 1930, p. 38-39.
(43) フロイトに続いて、ライヒ、フロム、マルクーゼ、そしてハバーマスが、進歩と性的抑圧の過程とのあいだのつながりについて強い関心を抱いた主だった思想家たちである。
(44) Freud, 1914, p. 46.
(45) 『ソドムとゴモラ』のなかで、リアはアンジュにこう言った。「男が戦争を発明したのは、わたしたちなしでもいられるためであり、男たち同士でいられるためである」(Giraudoux, 1951, p. 130)、と。

に従う。文化にとって、文化自身が消費する膨大な量の心理的エネルギーを性的行動から引き出さなければならない以上、そうである。ある部族やある住民層が別の部族や別の住民層を自分たちの搾取へと従わせるのと同じようにして、文化は性生活を従わせようとする[46]」。文化は性的行動を労働に変換する。たしかに、ときには、その労働から芸術と甘美――「芸術は、われわれを夢中にさせる甘美な麻酔薬である」(p. 24) ――がたちあらわれてくることもあろう。それゆえ、死の欲動は、文明の冒険における性的な抑圧と密接に結びついているのである。〔死の欲動と性の抑圧との〕この混交は、あきらかにとめどがない。

諸種の欲動の火を消し止めるために、資本主義はべらぼうな諸物をそこに投入する。これこそ、まさしく資本主義の奇妙な法則である。幼稚症にふさわしく、限界を考えることができないこと、それが資本主義の核心である。なぜわれわれはこれほどの物を望むのか。なぜわれわれは飽くことを知らないのであろうか。ナルシスティックなリビドーのせいである。「自我自身がリビドーから投資される。……このナルシスティックなリビドーは、物へと向きを変え、それゆえ物のリビドーとなる。物のリビドーは、こうしてナルシスティックなリビドーにふたたび変換される[47]」。資本主義は化石燃料を用いて、このリビドーの火種を絶やさないようにする。ふたたゆむことなく、資本主義は物に物を追加する。まるで物の氾濫が暴力をかき消してくれるかのようにして。

暴力的な個人(フロイトは「暴力的」という形容詞をきわめて頻繁に用いる)に差し出され

るのは、成長である。成長は定義上、無際限でのみありうる。「蓄積せよ！　蓄積せよ！　それが法則であり、予言である。……蓄積するために蓄積する、生産するために生産する、それがブルジョアジーの時代の歴史的使命を宣言する政治経済学のスローガンである」[48]。だがこの資本主義的蓄積は、とりわけひねくれたものである。それは、ひとびとの欲求を満足させることによってひとびとを平穏にすると同時に、集団的な節度よりもむしろ個人の欲動を丸ごと満足させる。資本主義は、文化が個人の欲求に適合し、個人にへつらい、かつてないほどに個人を助長させるようにして文化を転換させる。広告とメディアは、とどまるところを知らない貪欲と目新しいものに対する崇拝心を支える。放牧と採集の社会から農耕の社会へと移行して以来、ストックの形成、動物の家畜化、剰余の蓄積、希少性に抗する闘いのための技術が、社会

（46）Freud, 1930, p. 47.
（47）Freud, 1930, p. 60. ナルシシズムについてはFreud, 1914を参照。このテキストは弟子を狼狽させた。ジェイムズ・ストレイチーはこのテキストについてこう語っている。フロイトがこのテキストを書いたのは、アドラーとユングとフロイトとの意見対立の論争の枠組みのなかで、内部的な必要性の圧力を受けて、であった。「この意味で、ナルシシズムは歪曲ではなく、自己保存の欲動のエゴイズムへのリビドー的補完であり、その一部は、当然のごとくあらゆる生命体に帰せられる」（1914, p. 218）。フロイトが初めてナルシシズムの概念を導入したのは、一九〇九年一一月一〇日のウィーンの精神分析学会で行われた講演の一環としてであった。
（48）Marx, 1867, p. 423.

を安定させたためしはなかった。その逆に、それらは社会を悪循環と蓄積の狂乱へと引きずりこんだ。そこでは、欲求が高まれば高まるほど、ますます不満足も高まった。そのために、今日あるような、人間の欲求不満と巨大な不安が生じてくる。

人類の闘争の大部分は、個人の諸要求と集団の文化的な諸要求とのあいだの適切な妥協点を、つまり幸福の使者を見いだすという、たったひとつの任務に集約される。人類の運命を引き出す諸問題の一つは、この均衡が文化の一定のかたちをとることによって達成されるのか、それとも、紛争があらゆる和解を退けてしまうのかを知ることである(49)。

「原始的」な諸社会はこれらの均衡を有していた。それらの社会の神話は、疑いもなくこの均衡を維持するために十分に練り上げられていた。それらの社会はサディズムを知らなかったのであろうか。明らかにそうではない。刑罰がそれを証している。サディズムの儀礼化は、サディズムを緩和しない。環境に注意を払うだけでは、拷問や戦争において表現されるにちがいない暴力を廃棄するには十分ではない。資本主義社会による自然の大虐殺は、拷問を廃棄することも、戦争を廃棄することもない。

小さな差異のナルシシズムから自発的な隷従へ

われわれの身体の老衰にまつわる苦悩、およびもっとも恐るべき「抗しがたい自然」との対決にまつわる苦悩に続いて、集団性の法則がわれわれに第三の苦悩をもたらす。それは社会的苦悩であり、集団性に負う苦悩であり、したがって他者に負う苦悩である。「この集団に負う苦悩を、われわれは絶対に受け入れたがらない。むしろ、われわれはわれわれ自身が創出した諸制度がなぜわれわれ全員にとっての保護と恵みにならないのか、を理解できない」[50]。地獄、それは羨望であり、羨望、それは生である。集団の生は法則に従うが、この法則は決して羨望を抹殺しえないだろう。諸種の羨望は羨望の十字架を背負うことによって、自己自身を罰する。均衡や平和を創造するために諸種の羨望を絶え間なくかきたてる資本主義のこの法則は、なんというパラドクスなのか！

というのも、ナルシスティックな死の欲動、自己の破壊と他者およびわれわれを取り巻くものへの破壊の欲動は、また他者に対する嫌悪と反感のなかにもあらわれるからである。オオカ

(49) Freud, 1930, p. 39.
(50) Ibid., p. 29.

ミとなった人間は群れて狩りをするとき、たがいに憎み合うオオカミとなり、かつ自己自身に対してもオオカミのままでいる。たとえこの憎悪がスケープゴートとなる犠牲者や隣人に向けて方向づけられているとしても、そうである。「すぐ近くにいる外国人に対してあからさまに表わされる嫌悪と反感において、われわれは自己愛の表現を再認識することができる。それは自己承認を渇望するナルシシズムの表現であり、このナルシシズムは、あたかも個人的な外観の様相に違いがあるということをもって、その外観を批判しその外観を追い払おうとする誘惑を引き起こすよう振る舞うのである」[51]。自己承認はついには殺害にまで至る。自己に近いもの、自己に似ているものに対して、わたしは我慢ならない。事実、わたしはわたしの隣人に我慢がならない。それは近隣の憎悪であり、隣人の憎悪である。ときには、共通の憎悪がわれわれを結びつけることがありうる。この憎悪によって、われわれは集団的暴力行為や戦争を用意する群衆のなかにつなぎとめられる。

ひとびとが自身のものとするこの攻撃的性向を満たそうとするのを断念させることは、あきらかに容易ではない。ひとびとは攻撃的性向に十分満足しているわけではない。より小さな文化領域の特権を侮るべきではない。それは外部のひとびとに対する敵意のなかに問題を見いだそうとする欲動を許すからである。もしも攻撃を向ける他者がまだ残っているのであれば、かなり大規模な群衆をたがいに愛で結びつけることはいつでも可能である[52]。

こうして、実際には、経済的にも、文化的にも、かなり類似しているひとびとが死を賭して争うことになる。ドイツ人とフランス人がそのよい事例である。「わたしはこの現象に、小さな『差異』のナルシシズムという名を与える」(ibid.)。フロイトが言うように、ユダヤ民衆は、小さな差異のナルシシズムの「恩恵」――フロイトが皮肉なユーモアをこめてそういう――を大いに被った(53)。国家が普遍性を主張する場合、国家はいかにして民衆のきずなをうち固めるのであろうか。言うまでもなく、他者に対する憎悪によってである。だが、国家が他の諸国家を支配しようとするときは、どうであろうか。国家はどこかに死のきずなを見いだす必要がある。「世界に対するゲルマン民族の支配の夢は、その補完物としてユダヤ人排斥運動を必要とした」(ibid., p. 57)(54)。ロシアでは、ブルジョアジーへの憎悪が革命のきずなをうち固めた。貴族への憎悪がフランス革命のきずなを固めたのと同じである。「ソヴィエトは、みずからのブルジョ

(51) Freud, 1921, p. 40.
(52) Freud, 1930, p. 56.
(53) 「一二使徒の聖パウロがひとびとの普遍的な愛を基盤にしてキリスト教共同体を作ったあとで、キリスト教がその外部にとどまっているひとびとに対して極端に不寛容となったことは、避けがたい帰結であった」。Freud, 1930, p. 57.〔『フロイト全集』二〇、邦訳一二六頁〕
(54) なんと、フロイトは一九一九年にこの文章を書いているのだ!

アジーを終わらせようとするが、そのたびに、ソヴィエトが企てたものが何なのか、ひたすら不安をともなって自問される」(ibid.)。いまでは、その回答がわかる。ソヴィエトが終わらせようとしたのは、クラークと名づけられた農民たちであり、かれらのユダヤ人医師であり、かれらの知識人であり、その結果、ソヴィエトは自己自身をついに終わらせたのである。ヨーロッパのユダヤ人の大量虐殺は、またヨーロッパの自己廃絶でもあった。この大量虐殺は、とりわけ死の欲動を見事に説明している。資本主義は、みずからが自然を、魚を、水を、まるごと抹殺するときに、資本主義が何をやろうとしているのかを問うことができる。だれがけりをつけようとしているのか。この問いは、背筋をぞっとさせる。

小さな差異のナルシシズムは、隣人、近隣、職場の仲間、同業者に対する鏡像反射の憎悪であり、パンを求めて、あるいは自我の印を求めて行列を作るひとに対する憎悪であり、突然に地位を手に入れたひとに対する憎悪である。ルネ・ジラールは、「模倣欲望の競争相手(55)」について語る。ジラールはフロイトを「盲目と直感の驚くべき混合(56)」であると手厳しく批判しているが、ジラールはかれがもっとも手厳しく批判しているフロイトの諸著作――『人間モーゼと一神教』、そしてとりわけ『トーテムとタブー』――のなかにフロイトの最良のものを、つまり人類学へのフロイトの闖入《ちんにゅう》を見ている。この二冊の著作は、いずれも集合的暴力に捧げられており、第二次世界大戦への序曲として刊行されたものである。

『トーテムとタブー』は、「精神分析の視点と成果を、群衆の心理学の未解明の諸問題に適用するための、わたしとしては最初の試み[57]」である。フロイトは、ダーウィンが『人間の由来』で提起した命題に依拠して、つぎのような仮説を発した。人類はその起源において、すべての女性をわがものとする一人の男の専制的な権力に従属する小さな群れをなして暮らしていた。ある日、息子たちが反乱を起こし、父を殺害して、父を食べた。息子たちは懺悔の念にとらわれ、集合的暴力が継続するのを避けるために、そしてみずからの犯罪を否認するために、殺害の禁止と近親相姦の禁止を制定した。これが、社会秩序、宗教、一神教の起源にある禁忌である。「われわれがつき従っている慣習的・道徳的禁忌は、われわれ自身がその本質においてこの原始的タブーと親近性をもつであろう」(p. 224)。これらの禁忌は、近親相姦と父の殺害の抑圧された欲望を抑制することができる。『文化の中の居心地悪さ』は、この考えをふたたび取り上げている。「われわれは人類の罪責感がエディプス・コンプレックス〔男子の父親に対する葛藤の感情〕から生じてくるものであり、兄弟たちの結束による父殺しにおいて獲得されたものである、という仮説から逃れることはできない[58]」。それは「恐るべき発見だ」、とジラールは

(55) 模倣欲望の競争相手と身代わりの羊に関するジラールの諸命題は、まず一九七二年に『暴力と聖なるもの』において表明され、つぎに数多くの著作において発展させられた。
(56) Girard, 2004, p. 118.
(57) Freud, 1913, p. 193.
(58) Freud, 1930, p. 74.

言う。「フロイトが主張したのは、あらゆる儀礼的実践、あらゆる神話的意味作用はその起源を現実の殺害に置いている、ということである[59]」。そしておそらく、「フロイトの唯一の真実の発見は、……つねに存在しないものと見なされる」(p. 295)。模倣欲望の競争相手の背後には、つまり、似たものへと向かうナルシスティックで鏡像反射する競争相手の背後には、嫉妬、羨望、他者が保有するものを奪いたいという欲望が、たんなる他者の欲望が存在する。この欲望は、他者を傷つけ、他者を断ちきり、他者を抹殺しようとする。欲求不満とサディズムは、模倣欲望の競争相手の核心にあるものである。

人間が地中の巣穴から抜け出して、人間性に触れ、不幸に対して人間性を対置することについて、経済学者ならば、こう言うであろう。「ひとは諸種の欲求を表明し、希少性の世界のなかでそれらの欲求を充足しようとする」、と。フロイトとジラールは、こう応えるのだ。ひとが欲望するのは、他者が保有するものである。というのも、物が価値をもつのは、他者の占有としてのみであり、他者がつくるもの、あるいは他者が占有するものがひとにとって賞賛すべきであり、模倣すべきであり、いずれにせよいらだたしいほどにねたましいものにみえるからである。個人は単独で自己の欲求と向かい合っているわけではなく、「自己自身が作り上げた不幸を進んで追求することを通して[60]」自己の欲求と向かい合っているのである。実際のところ、このような人格は、「もっともひどい人間的障害」(p. 209)に直面することになろう。それは残酷なことである。それが経済的な生であり、端的に生なのである。わたしが賞賛すべきものと判断するひとびと、わたしが望ましいと思うような給与や地位や車をもつひとびとは、実際には「完全に無価値」(ibid.) なのである。そしてこの気高い欲望、あるいは高貴な欲求は、「他者への病的な関心」(ibid.) なのである。

ここで立ち止まって、経済学者になじみの二つの単語について考える必要がある。第一は「競争」である。語源的には、競争状態にあるということ、それは同じ地点に向けて他者たちと競うことである。(溺死するという) 自分たちが知らない運命に向かって駆けるパニュルジュ〔ラブレーの作品に登場するずるく、いたずら好きで多少色好みの付和雷同する人物〕の羊[61]を思い浮かべるとよい。この羊たちは、同時に自動カッター付き草刈り機の前で一番になろうと、押し合い、追い抜き合い、たがいに争う。それはマックス・ウェーバーのピューリタン人間の運命に幾分似ている。ピューリタン人間は、墓場におけるもっとも富裕な第一人者になろうと生涯をかけて労働し、蓄積する。競争は、模倣欲望の競争相手の縮図であり、死に向かって駆ける羊の群れの縮図である。

第二は、「競合」である。競合は競争に似ている。語源的には、競合は「いっしょに求める

(59) Girard, 1972, p. 294.
(60) Girard, 2002, p. 131.
(61) チャップリンの映画『モダン・タイムス』の最初の映像を想起するとよい。そこではまず羊が登場し、つぎに労働者(まもなく失業者になる)が地下鉄にどっと流れ込む。

こと」を意味する。同じ利益をともに追求することである。ひとは、ともに「しつこくせがむ」ことを切望する。それこそまさしく模倣欲望の競争相手である。わたしが望むものは他者が保有するものであり、他者が望むものはわたしが保有するものである。われわれはともにしつこくせがむ。競合は競争がストレートにはうち明けない子供じみた内容をもっている。しつこくせがみ、そのうえさらにより多くのものを求め、けっして満足しないのは、貧乏人であり、子どもである。まさにここにおいて、われわれはケインズとフロイトが分析した資本主義の本質的な側面に触れているのである。人類の未発達で、未成熟で、未完成の時代、幼稚な、飽くことを知らない貪欲と不満足、がそれである。

要するに、小さな差異のナルシシズムは、自発的隷従という人間の巨大な神秘の一つを解き明かす。自発的隷従というのは、去勢コンプレックスを引き起こす父、女性を独占する父に対する子どもの隷従以外のなにものでもない。ある日、子どもたちは反乱を起こし、父を殺し、父を食べ、そのあとでみずからの犯罪の罪責感のなかに浸りこむ。ついで、子どもたちはもはや主人をもたないがゆえに、たがいに闘い合い、差異の消滅を、「大混乱」を、仇討ちの無限循環を、さらに相互的暴力を引き起こし、ついには新しい身代わりの羊を見いだすに至る。子どもたちは、模倣欲望を通して行動した。子どもたちが引き裂かれるのは、模倣欲望によってである。子どもたちは罪人である。子どもたちは殺害すべき新しい父、および従うべき新しい雇い主を新たに捜し求めるのだ！　それは、「みずからが」労働するようになるための罪責感といったようなものではまったくない。マルクスであれば、剰余価値を分泌するため、と言うだろう。個人は、利己主義的で良識ある自我から、模倣欲望と盲目の群衆へと移っていき、模倣行動のために自己の理性を放棄し、やがて自発的な隷従へと入っていく。個人は、生産と企業の名において自己の品位を落とし自己を奴隷化する行為を日増しにくりかえす。英語でワーカホリックと呼ばれる、労働の強迫観念にとりつかれているひとは、この隷従に属している。

それはこびへつらいであり、習慣的な反復行動であり、労働と権力の至上命令への隷属である。これらのひとびとは、最終的な承認を得るために現在の欲望を犠牲にしているのである。[62]

強迫観念にとりつかれたひとびとは、組織されており、反復的であり、テイラー主義的である。というのも、テイラー主義は、分節化された、偏執狂的な、反復的な労働行為の組織にすぎないからである。テイラー主義は、「われわれがなによりもまず死の欲動を軌道に乗せる反復という強制的な性格」を保有している。[63] テイラー主義に続いて、われわれは「トヨティズム〔QCサークル、カンバン方式などトヨタ生産方式に代表される日本型労働様式〕」へと、つまり責任ある

(62) Marie, 2005, p. 67.
(63) Freud, 1920, p. 330.

労働へと、移行させせられる。トヨティズムは自動制御に訴える。それは自己自身よりも優れた搾取者であるのだろうか。われわれは同じリズムを繰り返して、時間を廃絶する。われわれの態度は、世界から脱出するための難行苦行において、来る日も来る日も同じ活動と同じ祈りをくりかえす修道士の態度である。われわれは時間を廃絶して、生きることをやめる。労働が生のなかの死であるならば、われわれは死の欲動がいかに強力なものであるかを悟るであろう。

労働の反復に対応するのは、消費の反復である。消費における狂乱〔ヒステリー〕は、もう一つ別の形態の隷従である。狂乱的なひとは、あきらかに楽しむために物を消費しないし、物を蓄積しない。そうではなく、他者に喜ばれるために消費し蓄積する。狂乱的なひとは、ものを保有すると即座に疑念がそのひとを悩ませる。物が欲望をかき立てるようになると、欲望された物の輝きが失われることをめざした仕掛けである。「疑念とは、欲望された物の輝きが失われることをめざした仕掛けである。強迫観念にとりつかれたひとは、ただちに比類なき執拗さで、欲望される物の価値を告げることに専念する[64]」。物の輝き、生のこの外観は、物のなかに存在し、生命体の眼の輝きに匹敵するものであるが、死が人間や動物のまなざしを失わせるのと同じように、消費は即座に物の輝きを失わせる。「競合者」の群衆のなかで欲望すること、そしてけっして満足しないこと、たえずしつこくせがむこと。資本主義は物の消費によって、個人に対して、「異常なほどに強烈なナルシスティックな享受[65]」を約束する。なんと言うことか。この享楽は快楽ではなくて、死の欲動の発現なのである。死の欲動はこのようにして、それがたち入ってはならない場所を組み込み、広告に投資し、行き過ぎた消費を、つまり浪費を、呼びかける。(66) ここに、貨幣が登場してくる。

貨幣と肛門性愛

貨幣は、フロイトの思想のなかで格別の地位を占めている。(67) そのうえ、貨幣は、フロイトの生涯においても重要な地位を保持している。フロイトは三歳のときに父が倒産し、その結果、長い間貧しい生活を送り、金銭的にある程度ゆとりのある生活ができるようになったのは、ようやく晩年になってからであった。だが同時に、かれはつねにお金のことで気を煩わし、最後まで貧困をひどく恐れていた。(68) ケインズは、その逆に、口のなかに貨幣を詰めこんで生まれて

(64) Marie, 2005, p. 78.
(65) Freud, 1930, p. 63-64.
(66) Maris, 2006, p. 307. を参照されたい。
(67) このテーマについては、Borneman, 1967, Viderman, 1992, Reiss-Schimmel, 1993, Assoun, 2004を参照されたい。
(68) 一八九九年九月二一日に、フロイトはウィルヘルム・フリースに手紙を書いた。「貨幣はわたしにとって吸入麻酔薬です。私は青年時代につぎのことを学びました。大草原の野生の馬は、ひとたびカウボーイの投げ縄で捕まえられると、何らかの心配事のあるあいだは自分の生活の面倒をみてくれる、ということを。つまり、わたしは頼るところもない貧困を経験しなければならず、

きた。軽率な投機の結果、何度か危うく破産しかけたこともあったが、つねにかなり快適な暮らしを経験し、相続人にかなりの額を残した。

フロイトおよび精神分析の貨幣は、われわれが次章で語るような経済学者の中立的な道具としての貨幣よりもはるかに複雑なものである。貨幣は象徴的な次元をもっている。それは、権力、セクシュアリティ、死と結びついた現実である。なぜひとびとは貨幣に関心を抱くのか。それ自体は何の役にも立たないものを、なぜひとは蓄積するようにかりたてられるのか。より高い地点からケインズが関心を抱いたこの問いに対して、フロイトはぶしつけではないにせよ、少なくとも意外な回答をあたえた。フロイトは『性生活に関する三つの試論』を刊行したが、そのなかで、小児性愛を肯定したことが大騒ぎとなった。その本を刊行した三年後の一九〇八年に、「性格と肛門性愛」と題する短い評論を発表した。かれは一九〇八年二月一六日に、弟子で友人でもあるカール・アブラハムにつぎのように書いている。この「斬新な小論は、……新しい分野に賭けようとする試みであり、かなり人を面食らわせるだろう」[69]。アブラハムはこのテキストを読んだ後に、二月二六日にフロイトにこう書いた。「肛門性愛は爆弾の効果をあたえるだろう」(ibid., p. 61)。フロイトは、一九〇八年のこの評論に先立って、一〇年以上も前からこの考えを定式化し始めていた。だから、かれは一八九七年一二月二二日に、フリースに宛ててこう書いている。「わたしにとって糞に解消されるものすべて（新しいミダス！）の目録をつくることができるかどうかはほとんど疑わしい。それは内部の悪臭を放つ学説にまったく合致する。なによりもまず、貨幣それ自身がそうである。私が思うに、それは、守銭奴(geizig)に代わって用いられた、さもしい(schmutzig)という言葉の作用を受けている」[70]。一月二四日、フロイトは友人につぎのように書いた。「わたしはいつか、悪魔がその犠牲者にあたえた貨幣が規則的に糞に転換する、という話を読んだことがある」(p. 288)、と。悪魔は、貨幣の歴史において重要な登場人物なのである。

実のところ、古代の思考様式が支配的であったいたるところにおいて、あるいはいまなお支配的なままでいるいたるところで、あるいは古代文化において、神話、おとぎ話、迷信において、無意識の思考において、夢において、神経症において、貨幣は、糞ともっと

貧困をたえずひどく恐れていました」(2006, p. 475)。一九〇九年二月一八日に、かれはカール・アブラハム〔一八七七―一九二五年、ドイツの精神分析医でドイツ精神分析学会の創立者〕につぎのように書いた。「あなたは、九カ月半のあいだわたしが貨幣の奴隷だったこと、わずかな分け前で稼がなければならないことをよく知っています」(『フロイトとアブラハム』2006, p. 121)。さらに、一九一〇年一二月一八日、「わたしはあなたとこれらの事柄すべてについて再度喜んで議論したいが、金を稼ぐことに絶え間なく迫られています」(ibid., p. 166)。ザレツキが考えているように、フロイトの手紙は「貧困に対する神経症的な恐れ」(2008, p. 239)を証している。

(69) Freud et Abraham, 2006, p. 59.

(70) Freud, 2006, p. 366-367.

も親密な関係に置かれている。周知のように、悪魔がその娼婦に贈り物として渡した黄金は、悪魔が去った後で、糞に転換する。悪魔とは、もちろん抑圧された無意識の欲動的生の人格化以外のなにものでもない。さらに加えて、財宝の発見と排便を関連づける迷信をひとは知っており、だれもがドゥカート金貨〔一三世紀にベネチアで鋳造された金貨〕を垂れ流す小人という人物になじんでいる。実際のところ、すでに古代バビロニアの教義においては、黄金は地獄の大便なのである。(71)

三年後に刊行された民間伝承における夢に関する論文のなかで、フロイトは「排便のりきみと死の苦しみとのあいだの関係」に言及している。(72) 大便は、子どもが自分の愛する者たちに差し出す最初の贈り物である。「それゆえ大便にとっての価値〔intérêt〕は、今度は、大部分は貨幣にとっての利子〔intérêt〕として永続化される」。(73) 子どもは両親との嗜糞症状的交換関係を通して、贈与・交換・価値・価格・富・貯蓄を、要するに政治経済学を、学ぶ。栄養摂取の生活の四つの契機——食物摂取・消化・滞留・排便——は、それゆえ、購入・投資・貯蓄／蓄蔵・販売と照応関係に置かれる。

貨幣の糞便としての性格は、民衆の言い回しや民衆の説話においてもふんだんに現われる。「金の卵を生む雌鳥」、「ドゥカートをひり出すロバ」、「大きな買い物をする（うんちをする）」、といった言い回しがそれである。「貨幣は糞ではない」、という言い回しは、男子用公衆便所を考案したローマ皇帝、ウェスパシアヌス（九―七九年）に由来する。資本主義が誕生したころ、トマス・モアは、ユートピアの島では、金と銀が「もっとも不潔な溲瓶や便壺の使用に供されていた」(74)、と語っている。玉座の大衆的意味、および「玉座にすわった子どもは、君主＝金貨《ソブリン》〔ソブリン金貨は一九一四年まで通用していた英国の一ポンド金貨〕である」(75)、という事実が想起されよう。君主とは硬貨のことだからである。われわれがすでに見たように、フロイトは文化と性的な抑圧とを結びつけたが、そのフロイトにとって、所有の「本源的な形態」とは肛門なのである(76)。性的抑圧とリビドーの昇華は、それ自身が嗅覚の抑圧と肛門性愛の昇華に結びつけられている(p. 48-49)。フロイトは生涯の最後まで、くりかえしこのテーマにたちもどっている(77)。

（71）Freud, 1908, p. 193. ドゥカートを垂れ流すこびとは、一八九七年一月二四日のフリースへの手紙においてすでに表われている。フロイトはそこで、「悪魔の精液は、なぜそもそもつねに呪術師たちの告白に際して『冷たいもの』と呼ばれているのか」と問うている。Freud, 2006, p. 238.
（72）Freud, 1911a, p. 71.
（73）Freud, 1917, p. 59.〔「欲動転換、とくに肛門性愛の欲動転換について」〕
（74）More, 1516, p. 166.
（75）Grunberger, 1971, p. 178.
（76）Freud, 1930, p. 56.
（77）それは、鼠人間と狼人間の歴史において問われている。また、フロイト全集のつぎの文章も参照されたい。Vol. 12, p. 49 et p. 71; vol. 13, p. 69 et 71; vol. 14, p. 325; vol. 19, p. 183-184. ……これらのそれゆえ、貨幣の快楽は、重要な非合理的な要素をふくんでおり、この非合理的な要素が最終的に資本主義を特徴づけるのである。シャーンドル・フェレンツィは、この側面を発展させた。「純粋の実践的目的に還元しきれない資本主義のリビドー的で非合理的な性格は、この段階以降、同じようにして本心を現わす。子どもにとって収集するということは、それ自体が自己目的であり、子どもに純粋な喜びをもたらすのだ[78]」。子どもにとって、「それゆえ、資本主義の欲動は、……利己主義の構成因子と肛門性愛の構成因子をふくんでいる」(ibid., p. 88)。

貨幣が精神分析の治療において重要な役割を果たすことは、驚くべきことではない。貨幣は現実原理に送り返されなければならない。精神分析を受ける患者はきちんと支払い、できれば現金で支払うことによって、安心して治療を受けることができる。フロイトの説明によれば、安い治療、あるいは無償の治療は効果がないことがわかるだろう。そうすれば、患者の抵抗が高まるからである。これから見るように、ケインズは、精神分析によるこの貨幣の理論を見逃すはずもなかった。

発想は、とりわけ Ferenczi, 1914, 1916; Fromm, 1932; Jones, 1916, 1919; Harnick, 1919, 1925; Roheim, 1923 によって発展させられた。

(78) Ferenczi, 1914, p. 99.

2　ケインズと貨幣欲望

「幸福とは、いにしえの時代の願望を事後に成就することである。だから、富裕になることによってひとが幸福になることはほとんどない。貨幣は幼年時代の願望ではなかったのであるから」。

フロイト、ヴィルヘルム・フリースへの手紙、一八九八年一月一六日

「占有の対象としての貨幣愛——快楽および生活の現実を味わう手段としての貨幣愛から区別された——は、それ自体としては、病的な感情、というよりもむしろ吐き気を催す感情、なかば犯罪的で、なかば病理学的な諸性向のひとつであり、このような性向の身の毛のよだつ管理は精神病の専門家にゆだねられる」。

ケインズ『わが孫たちの経済的可能性』一九三〇年

ケインズがフロイトの諸命題に対して示した反応は、驚くことではなかろう。このふたりの思想家の構想があらわれてきたのは、ある程度まで、両者の似たような時代状況から説明することができる。フロイトにとっては世紀末のウィーン[1]がそれであり、ケインズにとってはヴィクトリア期以後のイギリスがそれである。ヴィクトリア朝道徳に対する闘いの先兵であり、かつ新しい美的な規範を定義する先兵でもあった、ブルームズベリーという呼び名で知られている友人および仲間のグループ――ケインズはこのグループに属していた――は、また大英帝国における精神分析にとっての入り口でもあった[2]。ブルームズベリー・グループが出現する以前の一九〇五年ころでさえ、ケインズは、青年期の諸作品において、フロイトが同じころにウィーンで定式化していたものに似た構想をすでに発展させていた。とりわけケインズは、きわめて早いうちから心理学的肖像画芸術の師として認められていた。ケインズはこの肖像画芸術を、『平和の経済的帰結』(一九一九年)および『伝記的評論』(一九三三年)において完成の域にまで高めた[3]。たとえば、ここにケインズが『平和の経済的帰結』において刊行するのを断念したきわめてフロイト的な文章がある。かれは、この文章を『伝記的評論』でついに公表した。

(1) Schorske, 1983 および Didier-Weill, 2004を参照されたい。
(2) 本書の補論を参照されたい。
(3) このテーマについては、Dostaler, 2005, 第三章を参照ケインズはつぎのように書いたのだが、そう書いたとき、おそらくかれはいまだフロイトを読んではいなかったのである。

大統領と虎とウェールズの魔女はいっしょに六カ月のあいだひとつの部屋に閉じ込められ、そこから〔ヴェルサイユ〕条約が生まれた。そう、ウェールズの魔女である――というのも、大英帝国の首相は、この三角形の策謀に女性の要因として貢献したからである。わたしはウィルソン氏〔一八五六―一九二四年。米国大統領〕について、かれは非妥協的な指導者だ、と語った。読者は、ロイド・ジョージ氏〔一八六三―一九四五年。第一次世界大戦でイギリスの連立内閣を組織し、戦争指導に当たった〕を魔性の女《ファム・ファタール》〔フランス語版では〕として思い浮かべるだろう。上流社会の老人、魔性の女《ファム・ファタール》、非妥協的な指導者――ここにわがドラマの役者がそろう。……クレマンソー〔一八四一―一九二九年、急進左派の代議士で、第一次大戦末期には首相としてフランスを勝利に導いた〕は、その年で、ウェールズの老婦人の虜になるには、あまりにも恥知らずで、あまりにも経験が豊富で、あまりにも鍛えられていた。……大統領のきわめて男らしい性格が、女性的な魅力、繊細さ、敏捷さ、首相の共感に完全に屈したのである。[4]

しかしながら、ジグムント・フロイトとケインズは、まったく正反対であるようにみえる。

フロイトが政治から距離を置き、穏やかでむしろ保守的な師であったのに対し、ケインズは快楽主義的な審美家であると同時に、ブルームズベリー・グループのメンバーであり、かつ経済的・政治的権力にも近かった。ケインズはロシアの有名なディアギレフ・バレエ団のダンサーと結婚するまで、いくつもの同性愛の愛人関係をつくった。しかしながら、ふたりには共通点がある。政治的には、ケインズはみずからを急進的な自由主義者と考えている。その立場は、自由党左派と労働党右派のあいだのどこかに位置するであろう。またケインズは、つぎのように表明するに至った。「わたしは、政党のレヴェルで言うと、保守主義者であるよりもむしろ平均的な労働党の投票者であることはたしかである。……わたしの想像上の共和国でみずからを位置づければ、聖なる空間の最左翼である」[5]。しかしかれは同時に、ブルームズベリーの友人たちと同様に、かれらが「下層階級」と呼ぶものに対する軽蔑のニュアンスを帯びたエリート主義者であった。さらに、ブルームズベリーのメンバーは、「下層階級」のなかから自分たちの使用人を募集した。マルクスの『資本論』については、ケインズはそこから重要な発想を借り受けたが、にもかかわらず、つぎのように書いている。「ブルジョアジーと知識階級は、いかに欠陥があろうとも、幸福を具現し、人類の未来の進歩の萌芽を備えている。そのブルジョ

(4) Keynes, 1933a, p. 22-25.
(5) Keynes, 1926a, p. 309.

アジーと知識階級よりも粗野なプロレタリアートを賞賛し、魚よりも器を好むような信仰告白をすることをどうしてわたしができようか」[6]。フロイトも、ひけをとらなかった。かれの政治的共感は、ケインズのそれと一致していた。フロイトは一九世紀末のウィーンで戦場からはるか遠くにいて、反ユダヤ主義の高揚の後ろにいたが、にもかかわらずそうであった。フロイトは、婚約者のマルタ・ベルナイスに手紙を書いて、「感情をむき出しにする」「庶民の心理学」よりも、「われわれを洗練されたものにしてくれる、自然の欲動をたえず抑制するというこの習慣」[7]を重視した。

このふたりの著者とふたりの作品を比較すると、逆説的な事態に直面することがわかる。この両者は、いくつかの点で保守主義的であり、むしろ伝統にこだわり、革命的な激情に敵意を抱き、人民階級に対して侮蔑的であるが、同時に、道徳面でも、経済面でも、政治面でも、既成の秩序を問い直し、さまざまな偏見および政治的・宗教的・軍事的な権威からの解放を求めるラディカルな諸理論の著者でもある。さらに、もうひとつの逆説がある。ふたりの理論の継承者たちのほとんどは、ふたりの始祖的な諸作品の革命的性格を薄めようとしてきた、ということである。われわれはフロイトに関して、序論でそのことを強調しておいた。ケインズの見解についてはこれから見るが、かれが死去する前でさえ、かれの見解は、幾人もの信奉者によって「新古典派総合」と呼ばれるものの枠組みにおいて「標準化された」。「新古典派総合」とは、ケインズが批判した古典的なミクロ経済学と、ケインズのもっとも革新的な構成要素を取り除いたケインズ的マクロ経済学との総合である。というよりもむしろ、その混合である。[8] ケインズのこのもっとも革新的な構成要素のなかから、古典派経済学の貨幣概念と根底から手を切り、死の欲動と結びついた貨幣の概念が姿を現わす。

貨幣と死

貨幣は、ケインズの学問遍歴の始めから終わりにいたるまで、かれの経済学的構想の中心に位置していた。「貨幣」および「貨幣の」という言葉は、かれの経済学の三冊の主著のタイトルに姿を現わす。『貨幣改革』（一九二三年）、『貨幣論』（一九三〇年）『雇用、利子および貨幣の一般理論』（一九三六年）、がそれである。このことは、すべての経済学者が知っていることである。けれども、ほとんどの経済学者が知らないこと、それはケインズの貨幣理論が正統派の教科書の貨幣論とは根本的にちがっている、ということである。貨幣とは欲望の対象であり、死をともなう恐怖である。経済学の理論家であるケインズは、フロイトと同様に、なによりも

（6） Keynes, 1925, p. 39.
（7） Freud, 1979, p. 60-61. における一八八三年八月二九日の手紙。
（8） このテーマに関しては、Feaud et Dostaler, 1993, 第五章を参照されたい。

まず人間と社会の思想家であり、不確実性、苦しみ、群集心理、「全員が相互に模倣し合う諸個人からなる社会[9]」の模倣欲望の思想家であったのである。

貨幣とは、たんに貴金属、銀行券、あるいは計算上流通する手形や簿記といったたんなる資産なのではなく、二重の意味でやっかいな現実である。貨幣はひとびとの生活に時間を導入する。それはアダム・スミスが展開した、分業によって押し広げられていく時間である。貨幣は物々交換や交換の同時性を破壊し、さまざまな計画を見直すことができるし、あらゆる人間の活動に不確実性の霧をかけることができる。貨幣は、苦しみを鎮める――あなたは予備の資産をもつからである――と同時に苦しみを増す不思議な物である。貨幣は意見を変えることもできるし、理性に反することもできる。貨幣は諸種の人間関係を非人格化し、権威・隷従・封建的主従関係・騎士叙任式からなる古い社会を一掃する。貨幣は、支配の諸関係がもっとも匿名的なものとなる諸社会において支配的な役割を果たす。ゲオルク・ジンメルを敷衍するならば[10]、貨幣によってひとびとは眼でものを見なくなる。

ケインズにおいて、死の欲動は、貨幣愛というかたちをとる。貨幣愛は、「自然淘汰の活性剤としての利潤の追求を通して作用する[11]」。貨幣愛は、とりわけ貯蓄というかたちで、また複利の諸現象において、表面化する。貨幣愛は、利子を生み、自己自身から出発して貨幣を創造する。このような貨幣愛は、「われわれの時代の道徳問題[12]」である。社会的暴力の諸原因は、競争と貨幣愛のなかに潜んでいる。競争を通じての万人に対する万人のこのたえまなき闘争は、けっして終わることがない。またそこでは、ひとが何を求め、だれのために闘うのかを、だれも正確には知らない。この戦争は、本格的な戦争の誘因のひとつである。『平和の経済的帰結』の冒頭で、ケインズはトマス・ハーディ〔一八四〇—一九二八年、イギリスの小説家〕の『君主』の詩句を引用している。


見るがよい。

いまや狂気へと導かれた群衆があらゆる広い視野も自制の心も放棄してしまい、狂気へと誘われていることを。

世界に内在する無知のせいだ。

あとは、強者がたがいの報復心をかきたて、弱者の怒りが力なく猛り狂うばかりである。(13)

(9) Keynes, 1937, p. 250.
(10) ゲオルク・ジンメルの著名な著書『貨幣の哲学』(一九〇〇年)を参照されたい。かれの貨幣に関する構想は、フロイトおよびケインズの構想と一致している。
(11) Keynes, 1926, p. 74.
(12) Keynes, 1925, p. 51.
(13) Keynes, 1919, p. 20.

ケインズがヨーロッパの「市民戦争」と呼ぶ国家間の紛争には、二つの原因がある。ひとつは、消費するに至らなかった富、破壊しなければならない富を一世紀にわたって蓄積してきた結果として起きた諸国家間の競合であり、もうひとつは、階級闘争である。この階級闘争は、膨らんではいくが自分たちはけっして消費できないパイのかけらをもっぱら期待する、下層階級の羨望にもとづいている。排除された者の怨念は、ナショナリズムをかき立て、諸種の戦争を準備する。貨幣欲望の破壊的性格は、金銭上の計算において表されているが、それは人間の生存と同様に、自然の生存までも脅かす。「金銭上の計算という自己破壊的な同一のルールが、存在のあらゆる側面を支配する。われわれは農村の美を破壊するが、それは、自然のすばらしさが個人の所有物ではなく、何の経済的価値ももたないからである。われわれは太陽と星を消し去ることができるであろう。なぜなら、太陽と星は何の配当も生まないからである」[14]。最悪なことは、われわれがそういうことをやっている、ということである。われわれは煙害のためにもはや太陽を見ることができず、光の汚染のゆえに星をみることができない。

経済学とは奇妙な学問である。経済学は長い間、貨幣とは諸取引の上に置かれたヴェールにすぎないと唱えてきたし、いまもなおそう唱えている。経済学者は社会における生の理論を構築したが、そこでは貨幣が場所をもたなかった。経済学者は、交換・生産・投資の理論を練り上げたが、そこでは貨幣は、かれらの言い方によれば「中立的」なものである。それが「貨幣数量説」と呼ばれているものである。そこから、「マネタリズム[15]」という表現が派生してくる。

この理論によれば、通貨量の変動は同じ規模の運動を引き起こし、一般的物価水準の同じ方向への動きを引き起こす。ただし、貨幣の流通速度、および銀行が流動性の形態で保有する負債の比率が変化しない、という条件の下においてである。だが、ケインズが強調するように、これらの要因は、予測しえないさまざまな出来事にしたがって頻繁に変化する。それゆえ、貨幣数量説が有効であるのは長期的にだけであり、すべての調節が実施され、すべてが安定している場合においてである。だが、それこそまさに、ケインズのもっとも有名な一節が語っていることである。「長期的には、われわれは全員が死んでいるであろう。もし動乱期において、経済学者たちがわれわれに、嵐が過ぎ去れば大海は静かになる、と伝えるだけで満足するとしたら、経済学者の任務はあまりにも安易なものであり、あまりにも役立たないものだ、と言えないだろうか」(16)。

(14) Keynes, 1933b, p. 207.

(15) 貨幣数量説は、一五六八年に哲学者であり法学者であったジャン・ボダンによってはじめて定式化された最古の経済理論のひとつである。この理論は、とりわけデーヴィッド・ヒューム、デーヴィッド・リカード、アルフレッド・マーシャル、アーヴィング・フィッシャーによってくりかえされ、発展させられてきた。われわれに近いところでは、ミルトン・フリードマンがその主要な提唱者である。

(16) Keynes, 1923, p. 100. われわれは一九二四年のフランス語版を引用している。ケインズの翻訳が多くの場合そうであるように、この仏訳は、英語の原典より悪くなっている。英語の原典はつぎのように書かれている。「長期的には、われわれはみな死んでいる」(JMK, 4. p. 65)。

ケインズが『雇用、利子および貨幣の一般理論』のフランス語版序文で説明しているように、この著書において発展させられた分析は、「かつてわれわれを誤謬に導いた貨幣数量説の混乱を、われわれがいかにして免れるに至ったか、を示している」[17]。貨幣数量説の理論には、販路の法則が密接に結びついている。販路の法則は、「ジャン＝バティスト・セーの名に結びつけられた学説で、いたるところで想像以上に多くの経済科学を支配してきた」[18]。セーが描くような経済においては、貨幣は「価値の運搬具」にすぎないが、それでは恐慌、好況、不況を説明することができない。「わたしが主張しているのは、好況および不況というものは、貨幣が中立的ではない経済に適合的な現象だということである――わたしはここで貨幣を正確に定義しようとしているわけではないとしても――」[19]。

Auri sacra fames〔呪うべき黄金欲〕――ミダス

「ここではやはり、あなたは、神話学によって、精神分析の存在を信ずる勇気があたえられるであろう」。

フロイト「幼児分析の問題」一九二六年

ケインズにとって、貨幣への非合理的な愛は、資本主義の原動力である。多くのひとが貨幣を愛する。なかには、貨幣をつかもうとして、あらゆる道徳的な規則を侵犯するまでにいたる者もいる。フロイトと同様に、ケインズはくりかえしミダス王の神話に言及している。「クロイソスのように富んだ」という表現はよく知られている〔クロイソスは古代リディアの王で、莫大な富を蓄えたことで有名なので、大富豪の代名詞になっている〕。クロイソスは、紀元前五六一年から五四六年のあいだリディアを統治した。リディアは小アジアの古い国で、紀元前七世紀のはじめに初めて貨幣を鋳造した。クロイソスの富は、クリュソロアス河〔パクトロス河〕、あるいは「黄金の河」の砂金に由来する。この河はパクトール〔財源〕の名前から付けられた。というのも、その名前の神がその水に身を投げて自殺したからである。ミダスは、リディアの隣接地域のフリギアを紀元前八世紀に統治した歴史上の人物である。フリギアは多くの金鉱をもっていた。

（17）Keynes, 1936, p. 8.

（18）Ibid. ジャン゠バティスト・セーが一八〇三年に定式化した販路の法則は、グローバルな規模の経済において、供給がその需要を作り出す、と唱える。したがって、販路の問題、つまり全般的な過剰生産という問題、およびケインズが非自発的失業と呼んだものは、存在しえない。販路の法則は貨幣数量説から生じてくる。ひとが生産し販売するのは、購買するためであって、貨幣を蓄積するためではない。ケインズが退けたこの販路の法則は、一九七〇年代以降、「供給の経済学者たち」とともに第二の青年期を経験した。「供給の経済学者たち」は、とりわけ米国政府に社会支出の削減をともなう大幅な減税を推奨したが、それは、セーの法則の名において、貯蓄を刺激すればそれが自動的に投資に転換する、というかたちで推奨された。

（19）Keynes, 1933, p. 411.

伝説によると、ミダスは、ディオニュソス〔ギリシャ神話に登場する豊穣と葡萄酒と酩酊の神〕の教師であったシーレーノス〔ギリシャ神話の老いた半獣神〕をもてなした。シーレーノスは酔っ払って、フリギア地方に迷い込んだのだった。ディオニュソスはミダスが年老いた教師をもてなしてくれたことに対するお礼として、ミダスに願いごとを聞き入れてやると申し出た。それで、ミダスは、ウェルギリウス（古代ローマの詩人、紀元前七九―一九年）の表現によれば、「auri sacra fames」つまり「呪うべき黄金欲」の病に冒された（『アエネイス〔ウェルギリウスの長編叙事詩〕』Ⅲ、57）。ミダスが求めたのは、かれが触れるものすべてを、かれに認められたものすべてを、黄金に変える力であった。かれが飲み物や食べ物を求めて渇きや飢えを癒やそうとすると、それらが黄金に変わる。ミダスはこのことにただちに気づいて恐れおののく。山積みされた黄金が死を引き寄せることを知ったミダスは、ディオニュソスにみずからの願いを解いてくれるよう懇願した。神は、この呪いを解くためにパクトロス河の水で身を清めるように、とミダスに言う。そこから、この河には黄金がきらめくようになった。この河は今日では激流で、フィリジア地方とリディア地方を流れている。さらに「パクトール」は、現代においてかなり多額の貨幣を意味する言葉になった。

ケインズは、一九二〇年から一九二六年にかけて多くの時間をかけて古代貨幣の歴史を研究した。彼が関心を抱いたのは、ソロンの貨幣改革であった。ソロンは、紀元前五九四年にアテネのアルコン〔アテネに置かれた任期一年の執政官〕に選ばれた。ソロンは法律を用いて貨幣の価値を変更した最初の政治家であった。かれは、土地を奪われ奴隷になる恐れのあった農民の債務を免除した。ソロンはみずからの改革を正当化するために詩を書いた。たとえば「ムーサ〔ギリシャ神話の神〕へ」のなかで、これらの「分別のない市民たちは、黄金への飽くなき愛によって、この素晴らしい都市をみずから破壊しようと望んだ。かれらの恐るべき貪欲はきりがない」、と非難した。ソロンは、今日でも、同じことを書けるのではないだろうか！　ケインズは、ソロンが、社会の利益のためには労働者および社会の活動的分子に対する債務の重圧を軽減することが必要だ、ということを理解した偉大な政治家の系譜のなかでも最初の人物だ、と考えた。「クロイソスが蓄積した富によって引き起こされた事態についてクロイソスをいさめようとして、市民の善のために最初に貨幣の価値を切り下げた賢人〔ソロン〕が、伝承にしたがって適切にも選ばれたのである。ミダスがアジアの貨幣蓄蔵の性向を代表しているのと同じように、ソロンはヨーロッパの天才を永久に代表している」[20]。企業と金融とのあいだの紛争、生産と貨幣蓄蔵とのあいだの紛争、産業資本家と金利生活者とのあいだの紛争、生産することによって金を儲けるひとびとと埋蔵することによって金を儲けるひとびととのあいだの紛争、経済の資産の極と負債の極とのあいだの紛争、という、すぐれて現代的な問題のすべて――ケインズはかれの全著作においてこの問題を追い求めた――が、ここではソロンとミダスのあいだの紛争

(20) JMK, 28, p. 227.

という姿をとっている。

ソロンの二世紀後に、アリストテレスもまたミダスという人物に言及することによって、不条理な貨幣愛が引き起こしうる災禍を解き明かした。[21] ケインズはこのスタゲイロス人〔スタゲイロスは、マケドニア王国の支配下にあったギリシャ人の植民町で、アリストテレスの出身地だった〕を賞賛するであろう。ケインズは「偉大なアリストテレス」の『倫理学』に関して、一九〇六年一月二三日にリットン・ストレイチーにこう書いた。「以前にも、以後にも、これほどの良識について語られたことはなかった」。アリストテレスがアテネ帝国の凋落に際して考えたのは、貨幣による社会の退廃が重大な役割を果たした、ということであった。貨幣が交換を促進しうる有用な発明物であるとしてもなお、そう言うことができる。アリストテレスは貨幣の出現について、驚くべき記述をしている。アダム・スミスが、ついでマルクスが、その記述をとりあげている。アリストテレスは貨幣の諸機能を明解に説明している。それは、貨幣論の概説書で今日にいたるまで引き続き述べられてきたことである。価値の尺度、交換手段、支払い手段、価値保蔵といった諸機能がそれである。価値保蔵というこの貨幣の最後の機能こそが、無秩序と歪曲への道を開く。アリストテレスは、経済学(エコノミーク)と貨殖術(クレマティスティーク、クレマータは「貨幣」あるいは「富」の意味)を対比した。前者は諸欲求を満たす手助けになるという自然の方法であり、後者は貨幣的富を蓄積することである。前者においては、消費は必然的に限定されているが、後者の場合、富の蓄積には限界がない。

貨幣は危険な発明物であり、交換の仲介物である貨幣が人間の活動の究極目的に変ずるとき、もっとも有害な過剰をもたらす萌芽が生まれる[22]。個人が保有する貨幣の量には、もはや制限がない。成功と権力と名声のしるしは、貨幣の額になる。アリストテレスは、言葉を発する際には概して沈着であるが、そのアリストテレスが、蓄積のための蓄積にふけるひとびとに対しては、容赦のない非難を浴びせている。より高く売るために買うという活動からなる商業は、貨幣を完全に循環させる職業である。商業はもっぱら貨幣だけを夢見て、ほかの要素もほかの目的ももたずに、欲望が止まるところまでとことん突き進む[23]」。商業よりもさらに悪いのは、利子を付けて貸し付けることである。この貸し付けによって、しばらくのあいだ貨幣を手放すというただそれだけのことで、一定の貨幣額を、より多くの貨幣額を手に入れることができる。それこそ、自然に反する稼得である。トマス・アクィナスは、利子を告発するためにアリストテレスの考えをくりかえした（トマス・アクィナスは利子をウスラ〔高利〕と呼んだ）。という

（21）アリストテレスと貨幣に関しては、Berthoud, 2004を参照されたい。
（22）貨幣は仲介物であり、商品も仲介物である。両者はともに利益になる。利益（intérêt）は、語源的には、「諸存在のあいだ（entre les êtres）」にあるものである。貨幣がもはや手段ではなく目的となるとき、こんどは商人が支配的階級になり、豊かになろうとめざす。カール・ポランニー（Polanyi, 1944）は、この進展を見事に描いた。
（23）Keynes, 1971, p. 32.

のも、利子というのは、神にのみ属していた時間に価格が付けられること〔時間が商品になること〕だからである。利子率とは、その本性からして貸し付けされるべきではない貨幣の賃貸し料である。ケインズにとってもまた、利子は貨幣の賃貸し料である。これに対して、古典派の見解では、利子は禁欲の代償である。スコラ哲学の思想家〔トマス・アクィナス〕の貨幣の命題について、ケインズはつぎのように書いた。「この学説は……敬意をもって復権させられ考察されるに値する学説である」(24)。というのも、この学説は企業にとって金利生活者の利子が足かせである、と解釈しているからである。

原始キリスト教とコミュニズムは、多くの場合、似たようなものとみなされてきた。ケインズは、一九二五年に新婚旅行のあいだにソ連邦を訪問した――結婚相手のリディア・ロポコワはロシアの出身で、彼女の両親は当時まだ存命だった――。その後で、ソ連邦における自由の欠如について厳しく批判していたケインズは、ソ連邦に自由があることを確かめて、ボルシェビキを再認識した。ケインズは美徳を、宗教と観念論とプラグマティズムの結合として描いた。ソこの美徳が、貨幣愛を資本主義において占めている中心的な地位から移動させたのである。ソヴィエトのコミュニストたちは、「新約聖書に適う経済を整えるために、アッティラ〔現在のロシア・東欧・ドイツにまたがる地域を支配し一大帝国を築き西方世界の支配者を自称したフン族の王〕に導かれ厳格な異端審問とイエズス会の布教という後方補給の権威を備えた初期キリスト教というすがたで」イメージすることができる(25)。ロシアでは、金銭的次元の動機づけが社会活動の主要な原動力であることをやめる。「未来のロシアでは、尊敬に値する若者にとって、自分の生涯を貨幣の蓄蔵に捧げることは、押し込み強盗の紳士、偽造者、詐欺師といった経歴を選択するのとどっこいどっこいの道になっていくであろう」(p. 41)。これは「飛び抜けて斬新なこと」(p. 42)である。これに対して、「近代資本主義は絶対的に非宗教的である。それは内的な連帯を欠き、ほとんどの公共精神をなくしている。それはたいていの場合、未来を失ったこらえ性のない富裕なひとびとのたんなる集合にすぎない」(p. 50)。今日であれば、そのことが明らかにされるであろう。ケインズなら、〔ソ連邦崩壊後の〕寡頭制の新生ロシアへの移行は悲劇的な後退であると恐らく考えたのではないか。

ケインズがソ連邦を旅行した年は、また、イギリスが金本位制度に復帰した年でもあった。ケインズは、一九二〇年代の初めからこの復帰に反対して熱狂的な闘いをくりひろげてきた[26]。金本位制度の利点は、国民通貨が金の固定した重量によって定められ、国際収支残高が貴金属の移動によって規制されることにあった。この金本位制度が、一九世紀最後の四半期には、ついに世界のほとんどの国に押しつけられることになった。第一次世界大戦はこの制度の一時停

(24) Keynes, 1936, p. 346.
(25) Keynes, 1925, p. 37.
(26) Dostaler, 2005, 第七章を参照されたい。

止を引き起こし、米国だけが自国通貨と金との比率を維持することができた。ケインズは〔金本位制の一時停止という〕この出来事が興味深い展望を切り開き、金が「その最終的な専制的権威[27]」を失うであろうと考え、金を蓄蔵する傾向が一般化する動きを批判した。金はその逆に、為替相場を維持し外国からものを買うために流通し利用されなければならない。銀行家はマハラジャ〔インドの王侯の尊称〕のように振る舞っている、とケインズは言う。ヘブライ人が黄金の仔牛を溶解したように、「金準備を溶解し、それで筆頭主計官を表わす彫像をつくり、その彫像をとてつもなく高い台座の上にそびえ立たせて、もはやその台座から下ろすことのできないようにしなければならない」(ibid., p. 313-314)。一国の金融の安定性を保つためには、その彫像を一瞥するだけで十分であろう。いずれにせよ、もしなおも不安定な状態が続いているとしたら、それはその彫像がいまだ十分に巨大ではないことを意味するであろう。

一九一八年に大英帝国で設立されたカンリフ委員会〔戦後通貨と外国為替に関する委員会〕は、一九二二年に三九カ国で組織されたジェノヴァ会議〔第一次大戦後の経済復興に関する国際会議〕に引き継がれたが、この委員会が金本位制度の復活を提唱した。これによって、ポンド・スターリングが七%切り上げられ、それゆえ世界市場における大英帝国の競争力を維持するために同じ比率で賃金を引き下げることが必要になった。金本位制度は、完全雇用と物価の安定を犠牲にして為替レートを安定させようとする。そして大英帝国の経済的運命を、それ以後、世界経済において首位の座を占める国、つまり米国に結びつける。ケインズは、財務府事務局長のウィンストン・チャーチルが一九二五年四月二九日に最終的に宣言したこの自殺行為的な意思決定と執拗に闘った。ケインズが予想したように、この出来事は重大な社会的混乱を招いた。炭鉱労働者は自分たちに押しつけられようとした賃金の引き下げと労働時間の延長を拒否し、ロックアウト〔工場閉鎖〕に従った。このロックアウトは、今度は一九二六年五月三日のゼネストを引き起こす。不幸をもたらすこの決定は、ケインズによれば、ヴェルサイユ条約の条項がドイツに過剰な賠償金の支払いを押しつけたのと並んで、第二次世界大戦の原因のひとつをなした。

ケインズは言う。金は「未開の聖遺物」[28]であり、「物神」[29]であり、「香りと色彩の威信を一段と楽しむ」[30]迷信の対象である。ケインズはその翌年刊行された『貨幣論』の一章を金に当てている。そして、そこでフロイトを参照している。

フロイト博士が語っているように、われわれの潜在意識に深く根ざしたいくつかの理由のために、ほかの物質ではなくほかならぬ黄金が強い本能を満たし、かつ象徴として役立っ

(27) Keynes, 1914, p. 320.
(28) Keynes, 1923, p. 198.
(29) Keynes, 1929, p. 776.
(30) Keynes, 1923, p. 190.

ているのである。古代エジプトの聖職者が黄金という金属にあたえた魔術的な属性は、完全に消え去ることはけっしてなかった。……数年来、われわれの auri sacra fames〔呪うべき黄金欲〕は、性および宗教の領域においてさえ、これまで経験したことのないような深い尊敬を身にまとってきた。この道徳を説く奇妙な身なりは、まず複本位制に対する手堅い勝利を勝ち取るために必要な防具の役割を果たし、その後で、金だけが——金の擁護論者はそう信じているのであるが——強いられた相場の通貨リスクに抗して授けられる予防的価値のゆえに維持された。あるいは、フロイトがそのことをわれわれに知らしめたように、それが人目を忍ぶ仮装であるかどうかということは、それほど子細に調べて見るまでもなかろう(31)。

ケインズは、フロイトが肛門性愛と貨幣蓄蔵の性向のあいだにうちたてた結びつき、および貨幣と糞便とのあいだの無意識の同一視を認識していた。『雇用、利子および貨幣の一般理論』において、ケインズは貨幣と汚物とのあいだに類似関係をみる。かれは「金鉱という名で知られる穴を地中に掘る」ことからなる活動を、財務局が「古い瓶を銀行券でいっぱいにして、その瓶を、都市の廃棄物を埋め立てる予定の廃坑のなかに適当な深さで埋める」活動にたとえている。ついで、「民間企業が自由放任の原則にしたがってそれらの銀行券を改めて引き出すことが許される(32)」であろう。

金、ヘブライ人の黄金の仔牛、マモン〔物欲の神〕――悪魔の呼称のひとつ――は、いつでもただたんに悪の魅惑という魅惑を発揮してきた。われわれが引用した部分への傍注で、ケインズは読者をつぎの諸テキストに誘っている。フロイト（一九〇八年）、フェレンツィ（一九一四年）、ジョーンズ（一九一六年、一九一九年）。とりわけケインズは、アーネスト・ジョーンズ〔一八七九―一九五八年、イギリスの精神分析家で、フロイトの亡命を助けた〕のつぎのような有名な一節を引用している。「それゆえもし占有と富の諸理念が『貨幣』と金の理念に頑強に付着しているとするならば、そこにこそ、精神分析をおこなう明確な諸理由が存在するのである。貨幣を富と混同するという経済学的誤謬に対するこの妄信的な態度は、おそらくすべての諸国に妥当するが、しかしとりわけイギリスに妥当するであろう。イギリスは、戦後により多くの犠牲を払ったので、是が非でも金本位制に復帰したいと願ったのである[33]」。

大英帝国は、最終的に一九三一年に金本位制を放棄するように強いられる。ケインズは金本位制の放棄を大いに喜んだ。かれは、「ミダスの呪い」が、黄金の仔牛に忠実なままであったごくまれな諸国家――フランスと米国はその筆頭にいた――に襲いかかることを予言した。「実

（31） Keynes, 1930, vol. 2, p. 253-259.
（32） Keynes, 1936, p. 145.
（33） Johns, 1916, p. 117-118.

情が以上の通りだとすれば、われわれの事例にしたがうわが国およびすべての国は、より高い物価の恩恵を被るであろう。だが、われわれのうちのだれも他者を犠牲にして利益を確保することはできないだろう。そうすれば、競争上の不利益は、金本位制に忠実なままでいる諸国に集中するであろう。ミダスの呪いが襲いかかるのはこれらの国なのである[34]」。

ミダスの神話には、死の欲動と肛門性愛が住み着いている。ミダスは、資本主義の小児的で自己消化的な性格を暴き出す。生産をむさぼり食う、という資本主義の性格が、それである。時間が過ぎれば過ぎるほど、ますます多くの廃棄物を生産し、それをむさぼり食う。廃棄物と汚染の産業が主要産業となる。ミダスとは、また悪霊でもある。それは死の欲動の別名でもある。だから、ボードレールは『悪の華』においてル・マーラン〔悪魔〕を追い出す。

俺を助けて呉れるのだが、
いつでも俺をびくびくさせた、世には未知のヘルメスよ、
お前は錬金道士の中で　最も哀れなミダス王と同様な為体《ていたらく》に、
俺をするのだ。
（「苦悩の錬金術」）〔鈴木信太郎訳、岩波文庫、二三四頁〕

悪の枕にゆらゆらと、魔に憑かれた精神を
揺すりて眠入らす、大魔王トリスメジスト。

われらの意思と称ばれたる　貴き金属も
この博識の化学者の手により煙と立昇る

（「読者に」）〔同、二一〇頁〕

悪魔は、「ペテン師」ヘルメス・トリスメジスト（「三倍も大柄の」）――旅人の神であり、盗人の神であり、うそつきの神であり、商人の神である――の後継者である。ブラウンはこの

---

(34) Keynes, 1931a, p. 113.〔「金本位制の終焉（一九三一年九月二七日）」〕ケインズは逆説的なひとであった。かれは反面で、自分が告発した投機によって富を増やした。金の物神崇拝を非難しながら、ニュートンと同様に、錬金術に魅せられた。かれはニュートンを大いに賞賛し、錬金術の問題に当てられたニュートンの草稿を買い求めた。一九三〇年四月に、政治家で銀行家のかれの友人のレジナルド・マッケナは、ケインズに秘密を最大限守ることを厳命して、金一シリングオンスから無際限の量の金を製造することのできる新しい処方の存在を明かした。一九七九年に、ケインズの文書資料のなかに「新処方」と題する一九頁をふくむ隠された封筒が見つかった。問題の処理にまったく納得していなかったと言っていたケインズは、それでもやはり「野蛮な聖遺物」の支配を最終的に終わらせる発見物に対して一定の魅惑を表明しているように思われる。その発見によって、ドイツの賠償問題を解決するのと同様に、米国に対する大英帝国の債務を解決することができる、と。この解決によって、ロンドンはあらためて世界金融のリーダーシップを米国から奪い返すことができるであろう、かれはこう考えた。「これはわれわれの貪欲な精神に対する金の支配という長い歴史にとって素晴らしい最終章になるであろう」。Keynes, 1930b, p. 164.

悪魔の「永続的な肛門性格」(35)を暴き出す。ヘルメスは、フランスのこの偉大な詩人の筆の下で「悪魔トリスメジスト」になる。この詩人は書いた。「悪魔がわれわれに仕掛けるもっとも美しい企みは、悪魔が存在しないとわれわれに信じこませることである」、と。ルターのおびただしい数の著作については、そのいくつかがブラウンの著書の第一四章「プロテスタントの時代」において引用され、注釈されている。ルターの著作は、文明の推進者であり資本主義の真の精神であるこの世界の君主に言及している。ごくありきたりの腐敗である投機は、悪魔の考案物である。「貨幣は悪魔の言葉である。この言葉を媒介にして、悪魔はあらゆるものを創造する。神が本物の言語を手段にして世界を創造したのと同じようにして、あらゆるものを創造するのである」(p. 276)。ルターは、免罪符の販売を非難して、つぎのように書いた。「悪魔は魂の市場を創造した」、と(p. 285)。ルターにとって、ローマ教皇は悪魔の化身であり、ローマ教皇の発話は「うそである。つまり、硬貨へと転ずる販売である」(p. 286)。ブラウンによれば、「精神分析の視点からすると、もしも悪魔が死であり、資本主義が悪魔であるならば、そのときプロテスタンティズムと資本主義との同盟とは、資本主義の死の本能への完全な隷従を意味する」(p. 279)。

ルターの「悪魔的な」見解と、マックス・ウェーバーの資本主義の精神――そこでは、富の蓄積が聖なる選択のしるしとなる――とを、どうやって調和させるべきであろうか。ルターが利子つき貸し付けを厳しく非難していることを想起するならば、この調和は難しいように思われる。だが、労働、召命、職業、瞑想の拒否、行動することの必要性、要するに資本主義の精神は、ルターにおいても存在する。資本主義の精神は、その糞便的で小児性的なものをふくむすべてとともに、身体、物質、世界を受容するが、そのことによって明らかとなるのは、われわれがわれわれの苦悩と労苦の諸条件を甘受しなければならない、ということであり、身体を、つまり苦悩と労働の重荷を担う身体を超えて高みに這い上がろうとしても無駄だ、ということであった。それゆえ、悪魔自身および悪魔に依存するもののすべてが「わたしの秘蔵のぶどうのための堆肥として役立つであろう」、ルターはこう語る（p. 282）。世界は悪魔の世界であるが、われわれの労働、われわれの労苦によって、われわれが悪魔の奴隷となる条件を利用してわれわれを解放することができる。「生における死の支配というルターの概念は、地上の生の転換と人間の身体の転換の終末論的期待と関連しており、ルターが言うように、死と廃棄物から解放された形態での身体の再生＝復活と関連している」（p. 290）。文明をつくり、汚らしい物への誘惑をあたえているのは、死の欲動の迂回であり、悪魔のエネルギーの利用なのである。ボードレールは、『悪の華』をひもとく読者に送る賛美のなかで、つぎのように書いている。

われらを動かす操《あやつり》の糸を握るは　悪魔なり。
いまはしき物に魅力を見出して、

（35）Brown, 1959, p. 259.

汚臭を発つ闇黒を、恐れもあらず、横切り、
日毎に一歩、堕ちて行く　彼方は地獄。

（「読者に」、『悪の華』〔同、二〇頁〕

死に抗う保証としての貨幣または芸術？

金が解任されたとしても、貨幣の問題、貨幣愛の問題は依然として手つかずのままである。貨幣愛が病的な欲望であるとするなら、なぜこの欲望が生じてくるのであろうか。ケインズはフロイトと同様に、リビドーと昇華を結びつけた。なかんずく、文明は進歩する。というのも、人間存在は自己の欲動を労働のなかに昇華させるからである。なかには、文学作品や芸術作品のなかに昇華させる者もいる。

すべての者が科学的能力あるいは芸術的才能をもっているわけではない。とりわけ実業家がそうである。実業家は、いつの時代においても、莫大なエネルギーを備えている。だがかれらは、本源的欲動を超えてみずからを高めるのに十分な道徳的・知的能力をもたず、愛と美と真理よりもむしろ貨幣を追い求める。

実業家は、科学者あるいは芸術家になる幸運に恵まれるのでないかぎり、巨大な代用品

に、とりわけまがい物に、まったくなにも望まないひとびとにとっての芳香剤に、つまり貨幣に閉じこもろうとする。……クリソルドとその弟で広告の専門家のディッコンは、みずからの強力なリビドーが根を下ろすべき着地点を求めてあちこちうろつき回る。だがうまくいったためしはない。かれらは使徒であろうと強く願ったのであるが、かれらは使徒であることができないだろう。かれらは依然として実業家のままである[36]。

この現実を受け入れなければならない。フロイトが言うように、リビドーは人によってけ、攻撃的でサディスティックな欲動という、はるかに危険な性向となって現われることがあるがゆえに、なおさらである。この攻撃的でサディスティックな欲動は、一方の者が他方の者を物に変換し、他方の者を利用し、他方の者を辱め、不快にし、そして殺害するよう強いる。貨幣の追求はこの欲動を回路づける手段である。

貨幣を稼ぎ財産を形成する能力は、人間の本性のいくつかの危険な性向を比較的に攻撃性の少ない道へと方向づけることができる。この能力がこのようなかたちで満たしえない場合には、この危険な性向は、その脱出路を、残忍性のなかに、個人的権力と権勢の無謀

(36) Keynes, 1927, p. 319-320.

な追求のなかに、そして別の形態の個人的野心のなかに、見いだすことになろう。ひとは自己の専制主義を同じ市民に向けるよりは、銀行の帳簿に向けたほうがまだましである[37]。

サディスティックな欲動の代替物として貨幣を追求することは、蓄財の、つまり貨幣蓄積への欲動の、非合理的で病理学的な性格とよく似ている。この欲動は、「病的な感情、というよりもむしろ吐き気を催す感情、なかば犯罪的で、なかば病理学的な諸性向のひとつであり、このような性向の身の毛のよだつ管理は精神病の専門家にゆだねられる[38]」。この管理は、死の恐れを厄払いするのに役立つ。資本主義は死の問題を処理することができない社会形態であり、もっぱら蓄積を通してのみ存続することができる。「健康な人間が死のことを考えないのと同様に、創始者の活力は、多くの場合にかれらを待ち受けている最終的破滅の危惧を忘れさせてしまう[39]」。

人類とは奇妙な生物である。人類は、死を発見したし、死を望んでいないのに、生きることができずにいる。生の否定とは抑圧である。抑圧とは、現在を忘却すること、未来あるいは過去のためだけに生きることであり、今日とりわけ激しくなりつつある、あまりにもひどい闘いのなかで老いることを拒否しつつ、生全体のうえに死の帝国をうちたてることである。近年の分子遺伝学の発展はそのしるしである。そしてもし（「ゲノムの番人」と呼ばれる遺伝子を通しての）DNAの操作によって、運命の瞬間をギリシャの暦にまで押しやることができるとすれば、どうであろうか。ただし、実業家あるいは「蓄蔵家」が幻想の不死を手に入れると信じつつ山積みの黄金の上で死ぬのに対して、芸術家はこの不死を要求することができる。芸術家の作品は、すでにホラティウスが紀元前二三年にオード〔古代ギリシャで吟じられた叙情詩〕の第三巻で語ったように、死に対する保証である。

わたしは青銅よりも耐久性がある記念碑を、凋落する王のピラミッドよりも高い記念碑を完成させた。浸食性の雨水も、激しやすい寒風も、無数に続く年月も、年齢の流れも、この記念碑を破壊することはできまい。わたしはずっと死ぬことはないだろう。そしてわたしの大部分は、リビティーナに引き継がれるであろう[40]。

だが、おびただしい数の生命をこの生気を欠いた不朽の作品に捧げ、その犠牲の上に建てられたこのピラミッドは、はたして死を乗り越えたことになるのだろうか。

(37) Keynes, 1936, p. 367-368.
(38) Keynes, 1930a, p. 115.
(39) Keynes, 1936, p. 174.
(40) Horace, *Odes*, III, 30, 1-6; trad, Fr. Villeneuve, Paris, Les Belles Lettres, 1997. リビティーナとは、ローマの葬儀の女神である。

ケインズは芸術家を、実業家よりもはるか上位に、つまり人類の頂点に置くことによって、ホラティウスの言葉を裏づけたように見える。かれは、おそらくつぎのように読んだのであろう。「わたしが思うに、科学者はこの世における仲介の地位を占めなければならない。あきらかに、科学者は実業家よりも自分の時間をもっとうまく利用する。……だが、科学者を有価証券の仲買人と対比するのと同じようにして、才能ある芸術家を科学者と対比することもまたありうるのではないだろうか」[41]。にもかかわらず、ケインズは、みずからの科学的で政治的な知性を自覚して、みずからの芸術的才能の不在を嘆いている。それでもなお、かれは美的省察の領域におけるいくつかの小旅行をするのをやめることはなかった[42]。

ジャムと流動性

芸術家とその永続的な作品――この作品によって芸術家が無へと立ち戻るのを引き留めることはできなかった――のことについては忘れよう。芸術家が長生きするかどうかは確かではないとしても、蓄財家は確実に死ぬ。貨幣とは「現在を未来につなぐことのできる狡猾な常套手段である」[43]。貨幣とは複利であり、資本の動態そのものであり、利子を生む貨幣であり、生きることを拒否する手段である。

「目的意識的な」人は、みずからの行為に対する関心を将来に向けて押し広げることによって、まがいものので幻想的な不朽性をみずからの活動にたえず保証しようとする。かれは自分の猫を愛するのではなく、その猫の子どもを愛する。実を言うと、猫の子どもではなく、その子どもの子どもを愛する。このようにして、猫族のたぐいが消滅するまで永久に求め続ける。「目的意識的な」人にとって、ジャムがジャムであるのは、けっして今日のジャムではなく、かれが明日作ると予想するジャムが問題にされる場合だけである。だから、たえず後へ後へと先送りすることによって、かれはジャムを煮立たせる行為に不朽性を保証しようとするのである。[44]

ノーマン・ブラウンは、ケインズによる目的意識性の批判をニーチェの命題と結びつける。ニーチェにとって、「不死の信仰においても、相続財産の経済制度においても、死の面前からの逃亡がその根底に潜んでいる」[45]。ツァラトゥストラは、ケインズの目的意識をもった人間と

---

(41) Keynes, 1909, p. 1.
(42) Dostaler, 2005, 第八章を参照。
(43) Keynes, 1936, p. 295.
(44) Keynes, 1930a, p. 115.
(45) Brown, 1959, p. 139.

同じように、つぎのように言った。「わたしは跡継ぎがほしい。だから、苦悩することのすべてを語る。わたしは子どもがほしい。わたし自身がわたしをほしいのだ」[46]。

貨幣の蓄積、蓄財、守銭奴根性は、消費の将来への繰り延べに、禁欲に、享受の拒否に、結びつけられている。経済学は、ここにおいてピューリタニズムおよびヴィクトリア朝道徳と意見が一致する。ケインズとブルームズベリーのかれの友人たちは、二〇世紀初頭以来、この道徳に抗する闘いを推進してきた。ケインズはさらに、ピューリタニズムに貯蓄の価値増殖を結びつける。

だから、この注目すべきシステムは、みずからが発展するために、あきらかに二重の巧妙な欺瞞にもとづいている。……「貯蓄する」ことの義務がほどなく美徳の一〇分の九を占め、パイを大きくすることが宗教の真の目的となる。パイを消費しないことをめぐって、ピューリタニズムのあらゆる本能が花開いた。このピューリタニズムは、別の時代にあっては、現世から身を引いて、生産の技法も気晴らしの技法も無視してきたのであるが[47]。

ミダスの精神は、金利生活者と守銭奴のうちに住み着き、かれらが生を享受するのを妨げ、社会の貨幣を流通させることを拒むことによって、社会を脅かす。蓄蔵家は、ひとびとの共同体におけるあらゆる取引をねじ曲げる。蓄蔵家は、迂回させられた快楽のエネルギー、および死の欲動にまつわるあらゆるエネルギーをむさぼり食うブラック・ホールである。ここでケインズは、かれが決して好むことのなかった思想家マルクスに近づく。マルクスは、ケインズと同様に、蓄蔵家に対して敵対的であり、資本主義的企業家に対しては、やはりケインズと同様により寛大であった。

わが蓄蔵家は交換価値の殉教者であるかのように見える。かれは金属の柱の上にとまった苦行者のように見える。かれは社会的形態での富に対する関心しかもたない。そのために、かれは土地を社会の手の届かないところに置く。かれは商品をたえず流通に適する形態で欲する。それゆえ、かれは商品を流通から引き上げる。かれは交換価値を夢見る。それゆえにかれは交換を行わない。富の流動的形態とその石化した形態は、生命の秘薬であり、賢者の石〔万能の力をもつとされる物質〕であるが、それらが常軌を逸した化学の過剰な幻想趣味のなかで混ぜ合わされる。際限のない化学的享受の渇望のなかで、蓄蔵家はあらゆる享受を断念する。あらゆる社会的欲求を充足させようと望むがゆえに、かれはかろうじて基本的に必要な欲求を充足することしかできない。富を金属という物質的現実の姿で

(46) Nietzsche, 1883-1885, p. 412.
(47) Keynes, 1919, p. 32-33.

保持することによって、かれはその富を純粋なキマイラ〔火を吐く怪獣〕へと蒸発させてしまうのだ[48]。

もちろん「蓄蔵家」は企業家ではない。ケインズにとっては、シュンペーターにとってもそうであるが、企業家のほとんどは、いずれにせよもっともよく成功したひとびとであり、平均的なひとびとの階級には属していない。「見込まれる利潤を正確に計算し、その計算に実質的に依拠しないままに自分の生涯をかけようと危険な事業に乗り出すのは、血の気が多い個人であり、創造的精神〔アニマル・スピリッツ〕の持ち主[49]」である。かれらは、「気まぐれ、感情、幸運に起因する衝動を前にして」(p. 175)、多くの場合合理的な計算を消し去ることによって「活動の生得の欲求」を満足させる、さほど奇抜ではない諸個人である。これらの個人が「動物的精神[50]」によって変質させられる。「それゆえ、投資の可能性を評価する際には、従業員の気力、気質、理解力、反応から従業員の雰囲気にいたるまでを考慮に入れなければならない。従業員の自発的な活動が従業員をかなりの程度支配するからである」(p. 173-174)。だが、バッソーラの海洋商人であるシンバッドや石油採掘者のドレイクのような山師といった別の者たちがいて、かれらのほうが多数派である。かれらにとって将来は苦しみばかりである。これらの多数派は、株式市場において語られるように、絶対的に「流動状態でいる」ことを望み、リスクを引き受けることなしに楽しむことを望み、とりわけいつでもゲームから撤退しうることを望む。

貨幣蓄蔵家にはなんと恐ろしい苦しみが住み着いているのであろうか！　ケインズは、流動性選好〔本書二五頁参照〕を通して、死の欲動という苦しみと利子率とを結びつけた。流動性選好とは、われわれの将来と不確実性に対する恐れと、あらゆるものの不安定性に対する恐れをあらわしている。「流動性貨幣の占有は、われわれの不安を鎮めてくれる。われわれはみずからを流動性貨幣から切り離すために保険を請求する。流動性貨幣の占有はこの保険によって評価されるのである」[51]。この保険が利子率であり、恐れに対する真の指標である。苦しみと根源的な不確実性がつねに意識下に潜んでいる。「新しい恐れと新しい期待がただちに人間行動を掌握する。……漠然とした恐怖と期待は、混乱および無分別と同様に、けっして完全には消え去らない。それらは、いわばつねに表面下に潜んでいる」（p. 250-251）。貨幣はこれらの恐怖を追い払い希望を維持してくれる、いわば魔法の杖である。われわれは黄金の楯とともに不穏

（48）Marx, 1859, p. 98. 貨幣に関するマルクスのこのような理論的で、かつ心理学的なレポートについては、Gardaz, 1987を参照されたい。ガルダッツは、死の欲動と肛門性愛というフロイトのテーマも動員する。フロイトとマルクスの関係については、Goux, 1973も参照されたい。
（49）Keynes, 1936, p. 162.
（50）ジャン・ドゥ・ラルジャンターユの翻訳では、動物的精神は「自然のダイナミズム」になる（1936, p. 173）。
（51）Keynes, 1937, p. 252.

な生のなかを突き進むことができるし、いつでもこの黄金の楯の建設に身を捧げることができるであろう！

富の保蔵〔手段〕として貨幣を占有するというわれわれの欲望は、一部は理性的で、一部は直感的な根拠をもっているが、それは将来にかかわるわれわれ自身の憶測と慣行《コンヴァンシオン》に対してわれわれが抱く猜疑心のバロメーターである。貨幣に対するこの感情は、それ自身が慣行的《コンヴァンショネール》であり直感的であるが、それはいわばより深層の意識水準において作動する。貨幣に対する感情は、もっとも練り上げられた慣行であるがまたもっとも不安定な慣行でもあり、その慣行が弱体化した瞬間から、その感情がわれわれの行動を導く指針となる。[52]

ケインズがここで、古典派経済学をなおも攻撃している、ということをこれ以上詳述する必要はあるだろうか。[53]古典派理論は、利子率は禁欲の代償である、と主張する。利子率は、資本の供給と資本の需要が出会うところで決定されるであろう。資本の需給関係は、時間的な貨幣選好と資本の生産性に由来する。ケインズが主張するのは、利子率とは流動性の断念に対するものさしだ、ということである。利子率はいかなる客観的、自然的な価値も有しない。「すぐれて心理学的な現象である利子率は、将来の利子率に対するわれわれの期待に必然的に依存している」[54]。残っているのは、集団的でもあり個人的でもある苦しみを測定する幻想である。群衆の心理学は、あらゆる経済現象がそうであるのと同様に、利子の現象の核心なのである。

〈群衆‐市場〉の理論

群衆の心理学は、『雇用、利子および貨幣の一般理論』の第一二章で現れる。この章は長期予測および投機に捧げられている。この章は、無意識の領域に手がかりを求めており、この書でもっとも予言的な章である。ケインズが描くのは、金融と投機が勝利を収める現在の世界である。ケインズはそこで「投機が優位を占めることのリスク」に対して警戒を呼びかける。投機は「金融市場の組織が進歩するにつれて、大きくなる傾向にある」[55]。ケインズの解読は、世界が未曾有の金融危機にはまり込んでいるときにあって、衝撃的なものである。

すでに見たように、フロイトの場合には、個人の心理学と大衆の心理学とのあいだに対立は

(52) Keynes, 1937, p. 252.

(53)『一般理論』の刊行後に、解説者たちが古典派理論とケインズの利子論との親近性を示そうとしたとき、ケインズはその反対に、いくつかの論文で、かれの見解と古典派の見解との深い溝を示そうとした。

(54) Keynes, 1935, p. 212.

(55) Keynes, 1936, p. 170-171.

なかった。「個人の心理学はまた、ただちに社会心理学でもある」[56]。もしもすべての個人が、ミダスのようにして、貨幣への抑えがたい渇望を抱いて行動するならば、社会はたちまち崩壊する。個人の行動と集団の行動の相似変換は、ケインズに何の問題も提起しない。というのも、集団的生活は心理学をもっていて、「社会の心理学は、すべてがたがいに模倣し合おうとする諸個人からなる」[57]からである。大衆の心理学は「大多数の無知な個人」[58]についての心理学なのである。そのような個人は、ひとびとが自分の無意識に直面したときに無力であるように、無力である。[59]

フロイトは、『集団心理学と自我分析』において、模倣欲望と感染という二つの行動に言及している。この二つの行動は、株式市場の現象の核心に見いだされるものである。『トーテムとタブー』の壮麗な文言において、フロイトは人間を感染する存在として描いた。「タブーを犯した人間は、自己自身がタブーとなる。というのも、人間は自分の範例に従うように他者を誘惑するという危険な性向をもつからである。……それゆえ、人間は実質的に感染的である」[60]。この「感染的人間」とともに、ワルラスとその継承者たちが定式化した古典派経済学者とは対立する市場観があらわれる。[61] 古典派経済学にとって、市場とは、固定した選好を備えた原子的なホモ・エコノミクスに適合した出会いの場であり、そこから供給曲線と需要曲線が出現する。ケインズにとっての市場は、それ自体が集団的な対象である。市場は、自律した諸個人間の相互作用から生じてくるわけではない。ケインズの市場とは、盲目で、盲従する、無知で、愚かな群衆であり、パニックにつきしたがい、パニック自身が引き起こすあらゆる運動、つまりあらゆるうわさの狂気に敏感に反応する群衆である。さらに言えば、現在の金融危機とそれが引き起こす株式市場のけいれんは、この市場観を完璧なまでに説明している。

この「群衆‐市場」を性格づけるために、ケインズは美人コンテストを思いついた。美人コンテストは、たえず変動し均衡を欠いたシステムを描く。そこでは、各人は「平均的意見が平均的意見だと信ずるものを発見し[62]」ようとする。一〇〇枚の写真のなかから六人のもっとも美

（56）Freud, 1921, p. 5.

（57）Keynes, 1937, p. 250.

（58）Keynes, 1936, p. 166.

（59）もちろん社会は、群衆や大衆よりも総合的で複雑な実体である。所与の社会は、異なった本性をもつ複数の大衆から成り立つものといえる。だから、フロイトは、指導者のいない自然発生的な大衆と組織された大衆とを区別した。かれは、後者の組織された大衆を、指導者をともなった人為的な大衆と呼んだ。たとえば軍隊および《教会〔キリスト教信者の共同体〕》がそうである。大衆の心理学と民族の心理学を混同してはならない。民族の心理学という概念は、たとえばユングに見いだされるが、この概念はフロイトの場合には存在しない。そのために、ユングはアーリア人の集合的無意識とユダヤ人の集合的無意識とを区別するようになり、前者の無意識が後者の無意識よりも優れている、としたのである。

（60）Freud, 1913, p. 235.

（61）Maris, 1995, を参照されたい。

（62）Keynes, 1936, p. 168.

しい容姿の女性を選ぶコンテストを考えてみよう。勝利する者は、他のすべての参加者の選択の平均にもっとも近い選択を行った者である。重要なことは、他者が考えるであろうことを見抜くことであり、このゲームに最大限慣れて、相互的予測の第三段階、第四段階まで見抜くことである。つまり、わたしは他者がなすであろうことを知っている。だが他者たちのほうも、他者とわたしがなすであろうことを知っている。それゆえ、わたしは、わたしが知ることを他者が知ることのできることを知ることができる、このようなことが無限にくりかえされる。鏡面反射の（*speculaire*）ゲーム、鏡のゲーム、投機（思惑買い *speculation*）。この盲目的な人間の不確実性という根源的な不確実性に直面して、群衆のなかにうち沈められた宿命に直面して、われわれに残されているのは、こそくなやり方だけである。「われわれは自分自身の個人的判断の価値をほとんど意識することなく、おそらく情報により通じている他のすべての判断にみずからの判断を合わせようとする。それは、われわれが多数者の態度に、あるいは平均的な態度に、自己を合致させようとすることを意味する」[63]。だから、われわれ自身が群衆のなかで道に迷うのであるが、われわれは群衆が向かう方向を見定めることによって、株式市場における株価が決定され、さらに利子率が決定される。

フロイトとケインズの群衆は、道に迷い、おびえた、理性のすべてを失った子どもであり、信者集団のなかで自殺を遂げ、リンチを加え、要塞を崩壊せしめる子どもであり、そしてひたすら主人や指導者を求める子どもである。「かれら［大衆］と対立し始めることはあきらかに危険である。いたるところで順番に差し出される模範につき従うときのほうが安全であり、それゆえときには『オオカミとともに遠吠えする』ときのほうが安全である」[64]。ケインズによってもまた、個人は群衆の理念に対して自我の理念を放棄する。群衆に抗して理性を唱えるよりも、群衆とともに間違うほうが、価値がある。「普遍的な賢人が学ぶのは、みずからの名声のために、慣行に抗して成功するよりも、慣行とともに挫折するほうが好ましい、ということである」[65]。群れのなかにあって、オオカミとともに遠吠えしなければならない。平均的世論の場、模倣欲望の場、自己言及的メカニズムの場が株式市場であり、「群衆-市場」なのである。

資本主義は、明らかに諸種の道案内、記号、基準座標系を機能させる必要がある。ほとんどの経済学者が主張するのは、価格が行動を導く、ということである[66]。ケインズが考えたのは、市場とは盲目だ、ということであった。市場は何も見ない。市場は何も予見しない。では、自分の将来がまったく不確実ななかで苦しみと死を避けようとする群衆や大衆は、何にすがれば

(63) Keynes, 1937, p. 250.
(64) Freud, 1921, p. 23.
(65) Keynes, 1936, p. 170.
(66) おそらくハイエクは、この見解、およびこの見解が意味するもの——「自生的秩序」として描かれた社会への非介入——を、もっとも首尾一貫したかたちで展開したひとである。Dostaler, 2001を参照されたい。

よいのか。もちろん、模倣欲望と自己言及の過程における世論に、群衆それ自身に、すがるのである。だがまた、事態がほぼ持続するであろう、という考え――それだけが唯一の光明である――にすがる。明日もまた太陽が昇るであろう、と考える。さらに成長が起きるであろう、と考える。今日の成長率、あるいは利子率は、明日もほぼ同じ伸び率になるであろう、事態は続くであろう、と。要するに、時間が存在しないのである。ケインズが有名な第一二章でたえず提起した「慣行《コンヴェンション》」という概念が表現しているものこそ、まさにそれである。「この慣行は、本質的に、われわれが変化を期待する特定の理由をもたないかぎり、現在の状態がかぎりなく続くであろう、という仮説のなかにある。もちろん、この慣行がつねにこれほど単純なかたちで作用するというわけではないにしても、である」[67]。根源的な不確実性に直面して、投機家と実業家は、つぎのような唯一可能な態度をとることを余儀なくされる。つまり、あたかも過去が反復されるかのように、あたかも「経済状態」がこれからも永続化するかのように振る舞うのである。だが、われわれはそこに、将来を拒否する態度を見いださないだろうか。

群衆の現象においては、選好の満場一致が存在するから、予測が自己実現する。たとえば利子率について言うと、「利子率の実質価値は、それが予見されるものと支配的な世論がみなす将来価値にかなりの程度依存している。何らかの利子率が十分な信頼をもって受容されるのは、その利子率が持続する見込みが実際に続くであろう、ということによってである」(p. 212)。だが、群衆の現象は無知が一般化された現象にすぎない。市場の慣行的な評価は、無知な大衆間の相互作用が擬似的に確実とみなされた結果である。ここに、なぜ株式市場で稼ぐことが慣行の変化の期待を意味するのかの理由がある。「もっとも抜け目のないひとにとっては、出来事の現実的な傾向よりも、むしろ群衆の心理学を予測するほうが、予防のために理性を欠いたふりをするほうが、もうかるのだ[68]」。たとえば、利子率は、すぐれて心理学的な現象であり、利子率の将来価値と大衆心理によって決定されるのであるが、それは慣行的で、自己言及的な現象である。利子率は、諸個人の時間との心理学的な関係に、つまり将来の利子率に、依存している。だが、将来の利子率は、慣行に依存する。ところが、慣行は、現在が反復されることに、すなわち時間が廃棄されることにもとづいている。

子どもは、つまり群衆は、いかにして時間を廃棄するのか。子どもや群衆が必要としているのは、「その前にひれ伏して賞賛しうる」権威であり、「ひとが支配され、ときには迫害されることさえある[69]」権威である。運命に直面した投機家に保証をあたえることのできるのは、いか

(67) Keynes, 1936, p. 164. フランスでは、このアプローチが「コンヴァンシオン〔慣行〕の経済学」を生み出した。この経済学は、とりわけ模倣欲望と金融市場のあいだの関係に強い関心を寄せている。Orléan, 1994および1999を参照されたい。
(68) Keynes, 1930, vol. 6, p. 323.
(69) Freud, 1939, p. 207. フロイトを参照して、経済における権力というテーマを展開したのが、Dupuy et Maris, 1996である。

なる権威であろうか。たとえば、父、国家の首長、中央銀行総裁といった人物は、信頼について語り、(もし現在が良好であるならば)現在の安定性について語る。そして、かれらは、明日は別の日にはならずに同じく平穏な日に、あるいはさらに良好な別の日になるであろう、ごく一時的に感じられるこの平穏は続くであろう、ということを保証するのである。それが、安定性の慣行であり、政治家が語る「信頼」であり、「信用」通貨の核心にある信頼である。

慣行はおそらく死の欲動と結びつくことがありうる。「反復の強制がさまざまに発現することについては、われわれが子どもの精神の生の早熟な諸活動においても、精神分析学的療法で実際に体験した諸経験においても、記述してきたが、それらの発現は、欲動的で……悪魔的な性格をかなりの程度で示している[70]」。フロイトにおいて、この「悪魔的」という形容詞がだれに送り返されるのかについては、すでに見た。かれが欲動的なものと反復の強制との関係の本性を問うときに、それはさらにはっきりとする。「欲動は、生を授けられた有機的なものが先行する状態へと立ち戻ろうとする、有機的なものに内在する圧力であり、……あるいはこう言ってよければ、有機的生における慣性の発現であろう」(p. 308)[71]。しかしながらフロイトは、「自己保存の欲動という、われわれがすべての生命体に帰する欲動の命題が、欲動的生の全体が死を招来するのに役立つという前提ととりわけ対立する」(p. 311)、ということを強調して、こう付け加える。「死から守る番人でさえも、本来は、死の手下であった。そこからつぎのような逆説が生じてくる。有機体は、手っ取り早い道を通って生の目的を達成する助けになりうる行動（危険）に対して、それに全力で抵抗するという逆説が、それである」（ibid.）。

それぞれの有機体は、自分の道、自分の緩慢さ、自分の回り道を選択する。それぞれの有機体は、「短い道を通って（いわゆる短絡によって）自己の目的」を達成するのを可能にする外的な諸現象に敢然と立ち向かう。だがそのような行動は、知性や理性に属するものではまったくなく、欲動に属するものである。同一のものにたえずたちかえること（反復の強制）は、時間を廃絶し瞑想的生活を受け入れるために、修道士によって利用される手段である。それはまた、哲学者にとっては、生のなかに死を受け入れる手段であり、言い換えると生を受け入れる手段である。だから、資本主義が導き入れる、死に抗するすさまじい闘争は、種の消滅を加速する手段にすぎない。蓄積が生存のための闘争にとって代わるということは、理性の狡知にほかならない。無への歩みを遅らせようと思いつつ、その実、より急速に無へとせき立てられているのである。

(70) Freud, 1920, p. 306.

(71) フロイトは、この文章に続いて、「欲動の歴史的条件を裏づけるように見える」（p. 308）動物的な生についての二つの事例を挙げている。回遊する魚と渡り鳥の事例がそれである。フロイトは、鮭が海の真ん中から出生の川にもどるためにおこなう長期の大航海、および春に南から北極まで何千キロも飛行して、巣作りの場所で落ち合う白い雁の大航海を知った。

身代わりの羊としての貨幣

それゆえ、人間は感染的なものになりうる動物である。「禁忌が必要とされるのは、何人かのひとやいくつかの物が危険な力をみずからのうちにもっていて、その危険な力が同じくそれを詰めこんだ物との接触によって、転移し、感染するからである」(72)。この感染は、小さな差異のナルシシズムにおいて、競合において、競争において、発現する。いくつかの状況において──二〇世紀はそのような状況の一部以上のものであったのであるが──、人類は「自分自身の生物種をいたわるという理念とは無縁な野蛮な獣(73)」としての姿をさらけ出した。「このような、ひとびとがたがいに敵対するという原初的な性格の結果として、文化の社会はたえず崩壊の危機にさらされている」(ibid.)。したがって、ひとびとをたえず緊密に結びつけておかなければならない。小さな差異のナルシシズムの刺激──他者への憎悪に訴えること、身代わりの羊を探し求めること──は、そのための手頃な手段なのである。労働はまた、統合と相互依存の手段であり、分業──その必然的帰結が商品の複雑な絡み合いである──がこの相互依存を実現する。貨幣の蓄積は、分業と市場の増幅がもたらす必然的な帰結である。

貨幣は人間の暴力を回路づけるものとして本質的な役割をもっている(74)。小さな差異のナルシシズムにおいて作動する模倣欲望は、存在の欠如に支配されている。人間は、存在が欠如しているために、その欠如への反応を他者に求めるように駆り立てられるのである。羨望する者であり、模倣する者であり、完全に暴力的な者である人間は、身代わりの羊を集団的に殺害することによって、平穏な社会を永続的に再建しようとする。この殺害が社会を再設定し、新たな平穏をとりもどす。身代わりの羊は、あらゆる感情と欲望がそこに収斂していく対象である。それはリンチされるひとであり、皆殺しされる民族でありうる。それはまた、より日常的には、代替物であり、満場一致で欲望される対象であり、つまり金であり、貨幣でありうる。それらが肉体の犠牲にとって代わりうる。貨幣は、あらゆる欲望と暴力の欲動を回路づける策略としてふるまう。蓄積のための蓄積によって、消費し（破壊し）殺害する時間を望むだけ長期にわたって押しとどめることができる。模倣欲望を身代わりの羊へと進めるこの進路のなかに、競合と競争が入りこむ。つまりいっしょに求めて駆けるという事態が入りこむのである。

この身代わりの羊という貨幣理論をわれわれに提供してくれるのが、マルクスが定式化したG―W―G´（貨幣－商品－より多くの貨幣）という永続的運動の解釈である。ケインズは、『雇用、利子および貨幣の一般理論』の最初の草稿においてこの定式をとりあげた。だがすでにア

(72) Freud, 1913, p. 223.
(73) Freud, 1930, p. 54.
(74) Aglietta et Orléan, 1982 を参照されたい。

リストテレスがこの定式に気づいていた。もっとも、マルクスはアリストテレスをすでに認めていた。[75] わたしは他者の諸物を欲望する。わたしはさらに、ただたんに他者を欲望する。それはおそらく他者の幸福のためではない。貨幣はあらゆる富およびあらゆる物の絶対的等価物であり、この貨幣によって、わたしはアプリオリに暴力的な欲望を貨幣へと迂回させることができる。貨幣はすべてのものの価値を増やすが、貨幣それ自体は価値をもたない。貨幣はかぎりなく増加するという不思議な力を備えている。貨幣によって、わたしは他者が貧しくなることなしに、自分を富ませることができる。それこそ、資本主義経済のすべての意味である。パイの大きさがたえず増し、この増加が無慈悲な分配の時期を遅らせる。分配に際しては、他者に帰属するものが略奪され、捕獲され、強奪される。商品の担い手相互の競争関係が調整されるのは、社会的富の代表者として満場一致で承認された記号を選択することを通してである。貨幣がその記号の役割を果たす。貨幣は生身の、最適な身代わりの羊なのである。

人類学者が注目したのは、犠牲に供されるのが野生の動物ではなく、つねに家畜動物である、ということであった。羊、山羊、鶏、水牛、馬、豚、まれに犬がそうである。狩猟採集民族には犠牲は存在しない。犠牲が現われるのは、生がひとびとによって飼い慣らされ、選択され、制御され、再生産されるときである。ひとびとは、聖なる領域の一部を巧みに引き寄せたことを自覚したように思われる。マルセル・エナフ〔一九四二年―、フランスの人類学者・哲学者〕は、犠牲の現象と、野生動物の飼い慣らしによる世界の技術的な支配の出現とを結びつけた（たとえば Hénaff, 2002 において)。そのとき、生を再生産する権力自体が、つまり利用可能な生命体の量を増やす能力が獲得される。犠牲によって、神にこの権力を受け入れさせることができる。象徴的にこの力を放棄して、自然に対する究極の支配を神に返すことが示されるのである。犠牲は、宇宙と大地との均衡を取り戻し、所与の世界と変形される世界との関係を再建する。犠牲は自然界に対しては、征服された物を復元し、物事の秩序を配置し直す。犠牲は自然／文化の調整に参画し、世界の魔術からの解放に反応する。犠牲の多面的な機能を引き受けるのは、合理的知識であり、変形の技術である。犠牲とともに、ひとびとはもはやみずからを弁護する必要がなくなる。ひとは家畜を、つまりペキュニア〔金〕を犠牲に供する。ひとは貨幣を犠牲に供する。ひとは支払いをする。もしも時代遅れとなっていく貨幣をたえず破壊して蓄積をかぎりなく再開するためでないとしたら、たえず再審に付され時代遅れとなっていく社会的均衡を再建するためでないとしたら、貨幣の犠牲とはいったい何であろうか。労働はひとびとを蓄積のなかにつなぎとめ、支出はひとびとを破壊のなかにつなぎとめる。だが、ときの経過とともに、貨幣の誘惑があるがままのものとして立ち現れる。肉と血に対する誘惑が、暴力に対する誘惑が、立ち現れる。肉体的な暴力が、仮想ならざる暴力がよみがえる。

(75) マルクスはアリストテレスを「思考の形態、社会の形態、自然の形態といった他の諸形態と同様に、価値の形態を最初に分析した偉大な思想家」として記述している。Marx, 1867, p. 59.

戦争と蕩尽的消費に関するジョルジュ・バタイユの命題が、ここで重要な意味をもつ(76)。フロイトやバタイユの読者は、エロチシズム、暴力、侵犯、聖なるもの、といった諸概念を明確にするためのあらゆる学問分野に関心を抱く。それは、ケインズにとっても同様であった。ケインズは一九三三年に『社会批評』で「消費の概念」を公表した後、彼自身で「政治経済学の著作」として書いたものの編集に多大の時間とエネルギーを費やした。その著作のなかで、ケインズは、「聖体拝領、死、有性生殖を通して、豊かな活力をとことん汲みつくす廻り道を引き延ばし、ケインズの瓶の神秘性を解き明かす諸理由を一般的により明確にあたえようとした(77)」。ケインズの瓶として思い起こされるのは、銀行券を埋めてゴミ捨て場を銀行券でいっぱいにする装置のことである(78)。「呪われた部分」とは、不生産的支出であり、剰余の破壊であり、それはあらゆる文明において、社会の存続にとって決定的な役割を果たした。資本主義の悲劇とは、一方で、不生産的支出を排除したこと——この排除はカルヴァン主義によって合理化された——であり、他方で、古典派経済学が、欲求の充足と資本の蓄積を目的とするのではなく、無償の享受、さらには破壊および損失を目的とする経済活動を考慮に入れなかったことである。「支出を嫌うことは、ブルジョアジーの存在理由であり、ブルジョアジーを正当化するものである。それは同時に、ぞっとするような欺瞞の原理である」(p. 38)。無用な消費あるいは見せびらかしの消費をひけらかす貴族とは反対に、ブルジョアジーはみずからの支出を包み隠すのである。

バタイユは考えた。近代世界においてさえ、とりわけ米国においては、成長するためには「呪われた部分」が必要である、つまり見返りのない商品を創造すること、ピラミッドを建設することが必要である、と。この役割の大部分を果たしたのは、あきらかに軍事的支出と戦争である。「これほどまでに膨大な乱費が用意される。植民と産業平和の世紀に続いて、発展が時的な限界にゆきつくと、二つの世界大戦が富——および人間存在——の最大のらんちき騒ぎを命じたのである。歴史がそのことを確認している」(p. 75)。幸いなことに、つねにそうだとはかぎらない。「贅沢な生活が増加し好戦的な活動が減少することによって、余剰に、もっとも人間的な結果がもたらされる」歴史的時期もあった(p. 143)。第二次大戦後の時期がそうである(バタイユの書が刊行されたのは、一九四九年である)。このときは、社会保障のさまざまな制度が整備され、その結果、「富のより多くの部分が不生産的支出に捧げられた」(p. 188)。なるほど、貨幣の誘惑をのりこえるためには暴力以外の手段も存在する。旅行、楽しいこと、友人への贈り物、といった手段がある。だが、美の探求はすべてのひとにあたえられていないし、芸術の市場は贅沢であるものを堕落させた。貨幣蓄蔵は豪華な絵画のなかに巣くっているのである。

(76) バタイユと消費に関しては、Marie, 2005, p. 107 を参照されたい。
(77) Keynes, 1949, p. 53.
(78) バタイユはフロイトの貨幣論を知っていた。「無意識においては、宝石は糞便と同様に、傷口から流れ出る呪われた物質であり、見せびらかしの犠牲に捧げられた自己自身の部分である(実際、宝石は性愛に満ちた豪華な贈り物として役立っている)」(p. 29)。

いずれにしても、誘惑のかなたに真の暴力が、血塗られた、破壊的な暴力がある。経済が生活のすみずみまで完全に市場の法則に従属するようになったとき、何が起きるのであろうか。いかなる民族が、いかなる階級が、いかなる人種が、身代わりの羊に供せられるのであろうか。蓄積すること、それは暴力を繰り延べることである。もはや暴力を抑制することも、暴力を表現することもできないときがやってくる。(79) 暴力は盲目で猛り狂った群衆の暴力であり、株式市場の、あるいは暴徒の暴力である。決定的瞬間になると、貨幣はそれがあるがままのものとして現われる。つまり貨幣は、経済学者が信ずるような平穏な交換のたんなるヴェールとしてではなく、暴力と死のヴェールとしてあらわれる。一九一四年がそうであり、一九二九年がそうであり、一九四〇年がそうである。

生の債務——資本主義と罪責感

「人間が死ぬことのできるのは一度だけである。われわれは神に債務を負っている。……今年死ぬ人は、来年は債務から解放される」。Shakespear, *Henri IV*, 2^{e} partie, III, 2〔シェイクスピア、中野好夫訳『ヘンリー四世第二部』岩波文庫〕

ドストエフスキーは『死の家の記録』〔一八六二年、望月哲男訳、光文社古典新訳文庫〕のなかでこう語った。「貨幣とは音を鳴り響かせた現なまの自由である」、と。貨幣は、それによって債務から解放されうるという意味において、債務を弁済する力をもっている。債務の最初のもの、本源的な債務、キリスト教徒が言うわれわれのあらゆる罪責感を生み出す債務は、生の債務である。というのも、われわれはいまや、われわれをこの世に生んだものに何らかのことを負っているからである。「人類は、人種と部族の崇拝物を相続するとともに、いまだ支払われない債務の圧力とその債務を帳消しにしたいという欲望の圧力を同じく分けもつ[80]」。哲学者にとって、『虚偽』という根本的な道徳的概念は、その起源を『債務』というきわめて物質的な概念から引き出している」(p. 73)。人類は、貨幣を世俗化することによって、神だけに属していた時間を取り戻した。人類は、生の債務という不可侵であるものを取り戻したのである。時間の世俗化は、資本主義の出現に貢献した観念上の巨大な前進である[81]。キリスト教徒、とりわけトマス・

(79) ジャン＝ピエール・デュピュイ〔一九四一年―、フランスの思想家〕はこう書いた（Dupuy, 1992, p. 318)。「市場はパニックを抑制する〔内にふくむ〕」。つまり、「抑制する〔内にふくむ〕」という動詞の意味を当て込んで用いたのである。この本で著者が説得的に明らかにしたのは、模倣欲望と羨望が作動していることが、たんにケインズの提言だけでなく、スミスとハイエクの提言においても明らかだ、ということである。

(80) Nietzsche, 1887, p. 103.

(81) われわれはこのテーマについては、Maris, 2006を参照している。

アクィナス〔一二二五―一二七四年〕とルター〔一四八三―一五四六年〕はこの時間の世俗化と激しく闘ったのであるが。

ウェーバーのピューリタンは、みずからの努力によって、つまり蓄積された労働によって、神が自己に貸し付けたものを返す。貨幣である時間を、そして生の債務である貨幣を返すのである。

われわれはわれわれを生み出したものに、つまり神に、そして自然に、生を負っている。「われわれのなかのひとりひとりが、自然に対する死の債務を負っており、この債務を支払う準備をしなければならない[82]」。われわれはその借りを、この「責務」を引き受ける。われわれは死ぬことでその責務から離れる。われわれは、われわれの労働によって返済する。労働は、「リビドー的、ナルシシズム的、性愛的な構成要因をかなりの比重で」分泌する。労働のこの構成要因が、われわれの社会的存在を正当化するのである。国家はいかにして人間相互の暴力を、父親の殺害から引き起こされる兄弟の暴力を、親族による仇討ちの暴力を、廃止することができたのであろうか。ひとびとに債務を課すことによって、である。そうすることによって、国家はわれわれの生を保証し、暴力の独占権を獲得し、それと引き替えに、われわれが社会で暮らし、労働することができるように信用証書――貨幣記号――を提供する。「このような生の債務を主権制度へと移転することは、……まさに……恩寵の権利という国王特権を起源としている[83]」。国家はひとびとの生を担保するものとなる。その代償として、国家は貨幣証券を発行するのである。人間の暴力が発現すればするほど、国家による貨幣記号の発行も多くなる。資本主義的蓄積――貨幣の蓄積、流通する債務の蓄積――は、暴力のしだいに高まる緊張に見合っている。というのも、パイが増加するからである。パイとともに、暴力は抑制される〔内にふくまれる〕」。

そうすると、ひとびとの経済的自由、市場の自由はどこからやってくるのであろうか。このような自由は、ひとびとが封建的権力に対して契約した債務、封主と封臣の、あるいは農奴と領主の人格的な債務からみずからを解放する能力からやってくる。貨幣の一般化によって債務を抽象化することが可能となり、その債務の抽象化がひとびとを人格的な紐帯から解放する。債務は移転可能なものとなり、流通しうるものとなる。それこそ、貨幣経済の本質そのものである。資本主義は平等主義的なシステムを考案したが、このシステムにおいては、個人がしだいにだれに対しても責務を負わなくなる。それゆえ、市場は債務を抽象化し、債務を移転可能なものにし、債務を清算する抜群のシステムである。それは絶対的な世俗のシステムであり、無神論といいたくなるようなシステムであり、そこでは債務が数量化され、目に見えるようにされ、非人格化される。というのも、債務は事物を対象とするからである。「ひとはこう問うことができよう。近代的経済の巨大な運動全体は、……究極的に最後のものではないのか。そ

(82) Freud, 1915, p. 142.
(83) Hénaff, 2002, p. 314.

れは神と手を切る、贈与と手を切る、債務と手を切るもっともラディカルな手段であるのではないか、と」[84]。このシステムでは、「紐帯が基礎を置いているのは、事物の重要性であり、流通する財の重要性である。これに対して、モースの贈与が基礎を置くのは、諸関係の重要性である。近代の経済システムは、人格の依存を事物へと移転したのである」[85]。マルクスは「物象化」に関してこれと別のことは言わなかった。

債務、暴力、罪責感。商業は罪責感から、つまりノーマン・ブラウンが言うところの、「分けもつべき罪」から生まれる。原始人が贈与をおこなったのは、罪の重荷から解放されるためであり、その重荷を分有するためである。同様に、近代人を社会組織に入らせたのも、やはり罪責感を分有するためであり、それは悪魔がふたたび出現したことにほかならない。「ルターが言うように、悪魔（罪責感）は、この世界の主君である」[86]。もちろん、苦悩には罪責感がともなう。その罪責感の発現の最前線にあるのが、快楽なき労働であり、罪責感情をひたすら培養することである。分業とは、罪責感を分有する組織である。累積する時間、つまり資本主義の時間においては、貸借勘定はけっして清算されずに、経済的剰余はけっして罪滅ぼしの証明にはなりえない。というのも、この剰余は増加することを余儀なくされるからである。だが、個人は財を蓄積することによって、自身の罪責を自身の肩に背負う。この重荷を負うというイメージは、明らかに神の眼には心地よい。そのために、プロテスタンティズムにおいては、財の蓄積が寵愛の外的な記号となりうるのである[87]。そのために、市場では苦悩と罪責感が流通する。

精神分析にとって、神経症は多くの場合、未払いの債務として定義される。本源的な債務の存在は、罪責感を自覚させ、人間が過去から解放されるのを妨げ、現在の人間が過去に対して利子を支払うようにさせるが、それは、債務の支配下にある罪責感がけっして無罪放免にはされない、ということを明かしている。キリスト教はこの罪責感を永続化する。「これまで到達した神のなかでもっとも偉大な神としてのキリスト教の神の到来は、同じくそのために地上における最高度の罪責感情を生み出す[88]」。キリスト教は恩寵を施し、そして罪責感を抱かせる[89]。

(84) Hénaff, 2002, p. 33.
(85) Godbout, 2007, p. 161.
(86) Brown, 1959, p. 336.
(87) ブラウンは、ブルーノ・ベトゥレーム〔一九〇三―一九九〇年、ウィーン生まれのハンガリー系ユダヤ人で米国の心理学者〕の『象徴的傷害』(一九五四年)を引用して、つぎのことに注意を喚起している(p. 346)。贈与の心理学は女性性であり、(所有権が取引される)商品交換の心理学は男性性である、と。だから、贈与は母との一体化を助けにして罪責感を破壊し、これに対して、占有は父に一体化され、罪責感を攻撃へと変換する。後者の罪責感は、技術の考案による自然の攻撃的操作となって発現する。ここでは、母系的な(保護的な)神話学の、父系的な(破壊的な)神話学への代替が参照されよう。たとえば、ロバート・グレーヴス〔一八九五―一九八五年、イギリスの詩人、小説家〕の優れた作品『ギリシャ神話』(一九五五年)の序文を参照されたい。
(88) Nietzsche, 1887, p. 104.
(89) 「黄金の光り輝く」巨大な龍を、「うろこ状の怪獣」を思い浮かべよ。「そのうろこのそれぞれそれは「逆説的で、ぞっとするほど姑息な手段である。それは殉教の人間に一時的なその場しのぎのやすらぎを、キリスト教の守護神という一撃を授けるのである。つまり、神自身が人間の債務のためにみずから犠牲となり、神がみずからに支払う。神は人間自身がもはや買い戻せないものを人間に買い戻してやることのできる唯一の存在である――債権者はみずからの債務者のためにみずからを犠牲にする（そんなことが信じられるのか?）――。愛によって、債務者に対する愛によって、である」(p. 105)。それが、永遠に罪を負った人間の土台なのである。

ここで想起しなければならないのは、ケインズとフロイトの無神論である[90]。たしかに、死は債務を無にしてくれる。だが無神論の場合も、それは同じである。無神論は、人類の起源に対して、第一原因に対して、債務を負っている、というあらゆる感情から人類を解放してくれる。無神論は、ニーチェが言うように、一種の第二の無垢〔原罪を犯す以前の人間の無垢状態〕と対をなしている。もしそうでなければ、罪責感は、依然として文化の原動力であり（フロイト）、資本主義の原動力である（ケインズ）。生の債務は無際限であるから完済することはありえない。人間は世代から世代へと返済をおこない、ふくらんでいく資本を移転する。「われわれがいかに努力しようとも、十分に使用された最長の生ですら、われわれが受け取ったもののごくわずかな部分を返すことしかできないであろう[91]」。それゆえ、罪責感が生じてくるのは、支払いえない債務、もはや差し引くことのできない債務への強迫観念からなのである。資本主義はその罪責感を愛する。資本主義が愛するのは、資本主義がひとびとに提供すべき雇用が存在しないには『汝の義務！』と輝く黄金の文字が刻まれている」(Nietzsche, 1883-1885, p. 39)。「汝の義務」という言葉には二つの意味がある。

(90) ここで、ふたりの道は――ニーチェの道もそうであるが――ルネ・ジラールによって明らかにされた道から遠ざかる。ルネ・ジラールにとって、精神分析学者は聖書の誤った解釈において、「その背後にもっとも確実な権威をもっている。すべてのマルクス、すべてのニーチェ、すべてのフロイトが一度だけ、福音書の重圧に苦しむにふさわしい地点で合意する」(Girard, 1999, p. 164)。本書には、「わたしはサタンが稲妻のように落ちるのを見る」という驚くべきタイトルが付けられている。ジラールはこう書く。「われわれが見るように、プロテスタントの福音伝道者たちは、目もくらむような固有の認識を、つまり神話の復活をプロテスタントの《復活》から区別するというきわめて確実な能力を発揮する。それに反して、無信仰者はこの二つの現象を混同する」(ibid., p. 180)。ジラールにとって、聖書は暴力への解毒剤をふくんでいる。「キリストを神として認識すること、それはキリストのうちに、それまで絶対的に人間を超越していたこの暴力を超越しうる唯一の存在を承認することなのである」(Girard, 1978, p. 300)。この見解は、あきらかにフロイトの見解とは両立しがたい。フロイトにとって、宗教とは幻想であり、「人類を普遍的に拘束する神経症」(Freud, 1927, p. 184) である。人類が神経症から解放されねばならないのは、「生が全員にとって耐えうるものになるためであり、文化がもはやだれをも抑圧しないようにするためである」(ibid., p. 191)。ケインズは、一九〇六年三月八日にリットン・ストレイチーに宛てて、シジウィック〔一八三八―一九〇〇年、イギリスの功利主義の哲学者かつ経済学者〕の自伝に関して、つぎのように書いた。「かれら全員が神のような人物は存在しないということをつねに熟知していた以上、神に関してどうすべきであったのか？」。

(91) Comte, 1841, p. 238.

ときでさえも、なお労働を求めようとすること、なのである。

『プロテスタンティズムの倫理と資本主義の精神』においてマックス・ウェーバーのピューリタンが伝道する債務とは、蓄積された労働であり、いいかえれば資本である。ひとびとは全生涯を通して労働し、自分の職業および自分の活動に誇りをもつ。ひとびとは世界から引き離されれば引き離されるほどに、蓄積する。クエーカー教徒〔一七世紀にイングランドで作られた宗教団体〕やメノー派信徒〔オランダ、米国に多い再洗礼派のひとつ〕は富裕でもあり、またほぼ唯物論者でもある。蓄積は自己目的なのである。プロテスタントは、「休息のない活動の『意味』について」問われるところ答える。「私が働くのは子どもたちのためであり、孫たちのためである[92]」、と。生の拒否が遺伝するのと同じようにして、債務は世代から世代へと移転される。罪責感を抱く吝嗇のキリスト教徒は、その罪責感に支払うために、その罪責感をたえず買い戻すために、貨幣の蓄積を余儀なくされる。だが、さらなる買い戻しをすることなしに、いかにして神から、つまり無限なるものから買い戻すことができるのだろうか。

バルザックのグランデ老人[93]〔長編小説『ウージェニー・グランデ』の主人公〕は、ケインズほどに陰謀家でも、享楽家でも、収集家でも、投機家でもなかった。かれは勤勉であり、「自己自身がおこなう選択とその選択の正当化についての主観的な確信をつかむことを、日常の闘いにおける義務としていた[94]」。それは聖人の行いである。かれは「資本主義の英雄時代の強靭な資質を備えたピューリタンの商人」(ibid.)に属していた。このような生の拒否が、かれに自己実現と自己への信頼をもたらす。そして同時に、恩寵の確信をもたらす。資本家が生きるのではなく、貨幣が資本家のために生きるのである。貨幣は生まれ、貨幣は子どもを産む。ベンジャミン・フランクリンは『若き商人への手紙』（一七四八年〔ハイブロー武蔵訳、総合法令出版〕）において、こう語る。「貨幣とは本来、発生器であり、増殖器だということを頭に入れておきなさい。貨幣は貨幣を産む。貨幣の子どもがさらにその子どもを産む。そのようにして続く(95)」。トコス（tokos）とは、「子ども」、あるいは「孫」、そして「利子」を同時に意味する。トコイ・トコン（tokoi tokôn）は「利子の利子」あるいは「子どもからできる子ども」を意味する。それこそ、ウェーバーの資本家たちが崇めるものである。そしてそれは、アリストテレス(96)に続いてケインズが嫌ったものである。それはフロイトが嘆いたものでもある。そしてフロイトが「神経症の局面」（1927, p. 194）と考えたものである。神経症の局面は、あらゆる宗教現象にあたえられる唯

（92） Weber, 1904-1905, p. 72-73.

（93） フロイトが読んだ最後の書物は『あら皮』というバルザックの小説であった。かれは読み終わった後で、主治医にこう告白した。「私が必要としたのはまさにこの本でした。かれが語っているのは、狭窄についてであり、飢餓性衰弱による死についてです」（Schur, 1975, p. 621）。

（94） Weber, 1904-1905, p. 127-128.

（95） Ibid., p. 45 の引用。

（96） 「とりわけ、より多くをもつために貨幣をあたえるような貨幣取引、それによって貨幣の原初の目的から迂回させるような貨幣取引ほどおぞましいものはあるだろうか」（Aristote, 1971, p. 34-35）

一の名称であり、とりわけ生の債務の支払い、およびキリスト教の罪責感の買い戻しとしての労働の宗教、という宗教現象にあたえるべき唯一の名称である。「後者［宗教的表象］は、教条としてあたえられるのであって、経験、あるいは思考の究極的な成果が沈殿したものではない。それは幻想であり、人類のもっとも古い願望、もっとも強力な願望、もっとも執拗な願望が成就したものである。それらの力の秘密、それはこれらの願望がもつ力なのである」(p. 170)。

競争と死

ケインズの競争は、モンテスキューの「適度な」商業の競争ではなく――にもかかわらず、ケインズはモンテスキューをもっとも高く評価している[97]――、間違ってダーウィンを参照している。ケインズはダーウィンに対しても、なおいっそうの賞賛を告白している。この競争は「ジャングルの法則」であり、ダーウィンなきダーウィン主義である。いいかえると、スペンサーによって改訂されたダーウィン主義[98]であり、「社会的ダーウィン主義」、つまり攻撃性による最強者による淘汰である。ダーウィン主義においては、真理は種の生存という集団的本能であり、これが個人に根を下ろした死の欲動をのりこえ、自然淘汰を支える。ジラールよりもずっと以前に、ケインズの競合は模倣欲望と羨望の競合[99]であり、画一化された、差異の消滅した近代社会の毒であった。羨望は平等の息子である。「全員の平等を宣言することによって、羨望なるものの権利宣言が公布された」[100]。民主主義が出現し、大衆が出現し、そして大衆の政府が出現するのを見た一九世紀の数多くの著者たちのうちには、そのような恐れが見いだされる。群衆、すなわち大衆は、近代社会の新しいタイプの集団であるように思われる。このタイプの集団は、操作され、惑わされ、熱狂させられ、のみならず虐殺される傾向にある。最初の大衆戦争であった一九一四―一九一八年の戦争は、巨大な衝撃であった。フロイトにとっても、ケインズにとっても、そうであった[101]。蓄積と不平等は戦争を準備するであろう。「ごく一握りの成員だけしか生活の便宜品を享受していない住民がかくも多大な蓄積をおこなった、ということは自然なことではなかった。戦争は、すべてのひとに消費の可能性を、そして多くのひとに節制すること

(97)『雇用、利子および貨幣の一般理論』のフランス語版序文を参照。
(98) Keynes, 1926, p. 73.
(99)「〔羨望とは〕善がそれに値しないと考えるひとびとに起こるのを見ることから生ずる憎悪の入り交じった種類の悲しみ〔である〕」。Descartes, 1649, 第三部、一八二章〔『デカルト著作集』第三巻、白水社、二六二頁〕。
(100) Balzac, 1839, p. 412.
(101) 大英帝国政府が第一次世界大戦中に徴兵を発令したとき、ケインズはブルームズベリーの友人たちの大部分と同様に、良心的兵役拒否者の宣言をした。すでにボーア戦争の時代に、かれは好戦的感情に対する深い嫌悪を表明していた。このテーマについては、Dostaler, 2005, 第四章を参照されたい。

のむなしさをさらけだした」[102]。大英帝国の若者たちが犠牲となったソンムの死体置き場を前にして、節制することに何の意味があるのか。

一九二九年の恐慌に関して、ケインズはこう書いた。「世界の銀行家たちが自殺を決意していることは、今日の兆候からすれば、見抜くことができることである」[103]。銀行家は、短期の利益をめざすという本能にしたがって通貨のブレーキを緩める代わりに、不況期には貯蓄へと駆り立てられる。国家はみずからを閉ざす。国家は貯蓄と金に執着する[104]。今にも炸裂しそうな状況である。サブプライムという貧民に対する不動産貸し付けの危機のただなかで、銀行家の「自殺」はわれわれに語りかける。

ひとびとには選択があるのだろうか。ひとびとは成長の収納庫という機械設備のなかに閉じ込められているのではないか。成長は、待ったなしの生存を必要とする自然の圧力からひとびとを解放した。「だがそれなのに、ひとびとは、自分たちを解放してくれた者からいまだ解放されていない」[105]。自然の圧力への隷従の後に続くのは、技術と成長への隷従である。ケインズは、成長が隷従の一形態であることに完全に気づいていた。成長は、競争の暴力に反応する。この理由のために、ケインズは自由放任《レッセ・フェール》のイデオロギーに反対し、自由主義者がたえず振りかざす自由の概念を警戒した。「個人の経済活動において個人がよく言われているような『自然の自由』をもつというのは、真実ではない[106]」。この文言は、フロイトのつぎの文言に対応している。「個人的自由は文化財ではない[107]」。そのために、ケインズは「金利生活者の安楽死」を要求し、シルヴィオ・ゲゼル〔一八六二―一九三〇年、ドイツの実業家・経済学者〕が行った提言を、つまり蓄積には不適切でもっぱら交換だけに役立つ「溶解する貨幣〔スタンプ貨幣〕」という提言を、賞賛したのである。

成長は人類の構想の一部である。おそらく人類の自然の構想の一部でもあろう。「だから、自然によって、われわれはまさしく――われわれのもっとも深いすべての衝動と本能でもって――、経済問題を解決する構想へとつき進んだ。もしも経済問題が解決されるならば、人類は伝統的な最終目的をなしに済ませるであろう(108)」。ほどなく、われわれの欲求は満たされるであろう。希少性に抗する闘争はもはや意味をもたなくなるであろう。憎悪と競争の原動力である羨望と嫉妬(109)、つまり、われわれの同胞よりも上位に立ちたいという欲望は、もはやエネルギー

(102) Keynes, 1919, p. 34.
(103) Keynes, 1932, p. 78.
(104) ケインズは、くりかえしノフランス銀行とフランス人の態度を激しく非難している。かれらは金を流通させることを嫌って、山積みの金の上にあぐらをかいている、と。
(105) Debord, 1992, p. 38.
(106) Keynes, 1926, p. 78.
(107) Freud, 1930, p. 39.
(108) Keynes, 1930a, p. 112.
(109) 競争と死に関しては、Thureau-Dangin, 1985を参照されたい。

をかきたてなくなるであろう。だが、人類の「自然の構想」は、いまだ消滅していないのではないだろうか。

3 今日におけるフロイトとケインズ

「それゆえ、人類の本来の歴史は、殺人で満ちあふれている。今日でもなお、わが子たちが学校で世界史という名の下に学んでいるのは、本質的に民族間の一連の殺し合いである」。

フロイト『戦争と死についての時評』一九一五年

「われわれは、〔第一次〕大戦後、国際的ではあるが個人主義的な、退廃した資本主義の手のなかにいるのであるが、この資本主義は成功してはいない。この資本主義は知的ではないし、美的でもない。正しくもないし、高潔でもない——そして、資本主義は商品を支配下に置いていない。要するに、われわれは資本主義を愛してはいないし、むしろ軽蔑し始めている」。

ケインズ『国民的自給自足』一九三三年

フロイトが描いたのは、希少性、競争、不確実性、苦しみによって特徴づけられる世界における、暴力と平和の弁証法であった。ケインズはつぎのことを知っていた。「流動的貨幣の占有がわれわれの不安を鎮めてくれる」[1]が、それは麻酔剤であって、その麻酔剤の副作用は潜在的な死である、ということを。そのことがもういちど確かめられるのは、世界中の貨幣額の驚異的な蓄積が深刻な景気後退を引き起こすほどになり、その景気後退が何十億というひとびとの生存条件をますます悪化させることとなってあらわれるときである。この文章が書かれているときに推測されるのは、世界で九億人以上が飢えに苦しめられている、ということである。二〇〇八年一〇月二〇日に、一九二九年以来最悪の世界金融恐慌が始まった結果として、国際労働局の推計では、この危機によって、世界の失業者が二〇〇七年の一億九〇〇〇万人から二〇〇九年末には二億一〇〇〇万人に達するとみられている。二〇〇〇万人ものひとびとの苦しみと苦悩が高まっている。これに対して、金融崩壊の責任者たちは、ゴールデン・パラシュート〔会社が買収されそうになったとき、経営者の退職金を高額に設定して会社の価値を引下げ買収をしにくくする防衛策〕でそこから逃げ出す。国際労働局によれば、一日に米ドルで一ドル以下しか稼がない貧困労働者の数が、四〇〇〇万人増えるであろう。二ドル以下しか稼がないひとも、同じ時期に一億人増えるであろう。今まで比較的稼いでいた「中産階級」と呼ばれるひとたちも打

(1) Keynes, 1937, p. 252.

撃を受けるであろう。

にもかかわらず、ケインズはこう言った。希少性の支配から脱するためには、一定期間身を危険にさらし、黄金の子牛〔ヘブライ人が崇拝した金銭、金力の象徴〕を溺愛し、蓄積を続けなければならない。「すくなくとももう一〇〇年の間、われわれは無分別であることが正義であり、正義とは無分別なことであると、われわれ自身に対しても、誰に対しても、主張しなければならない。というのも、無分別なことは有用なことであり、正義とは有用ではないからである。守銭奴根性、高利貸し、先見の明は、もうしばらくのあいだ、われわれの神でなければならない。というのも、ただそれらだけが、経済的必要性のトンネルを抜けて、陽の光へとわれわれを導いてくれるからである」(2)。このシニカルな文言にショックを受け、雑誌『ネイション・アンド・アシニーアム』(3)のコラムでそのことを知らせた読者に対して、ケインズは、一〇月二四日につぎのように応えている。「わたしが提起した回答は、イエス〔num〕でもあり、ノー〔nunne〕でもあります」、と。それは回答が否定的でも肯定的でもありうる、ということである。

他方でフロイトは、ウォール街の株の大暴落の一週間後の一九二九年一〇月に印刷屋に預けた『文化の中の居心地悪さ』の原稿を、希望を表明しつつ、つぎのように結んでいる。「永続的なエロスは、まったく同じように不死の敵対者に対する闘争のなかでみずからを主張するべく努めている(4)」、と。一九三一年に現れた第二版では、かれはこう付け加えている。「だが、それが成功するかどうか、いかなる結末を迎えるかを、いったいだれが推測しうるだろうか」、と。

フロイトの悲観論は募っていった。その後にやってきたさまざまな出来事によって、フロイトはおそらくタナトスが勝利を収めるであろう、と考えるようになったのではないだろうか。かれはナチスが活躍する様を眺め、ナチスが全体主義国家をあがめ、全体主義国家を通して「シロアリの巣」の神話をあがめているのを目撃する。その「シロアリの巣」では、個人の意識が「全体」のために、つまり悪魔に取り憑かれた地上の全体のために廃棄され、「全体国家」が総統において体現される。フロイトの著書は燃やされた。かれはロンドンに亡命しなければならなかった。かれは一九三八年六月六日にロンドンに到着し、第二次世界大戦が始まった直後の一九三九年九月二三日に亡くなった。一九二三年にあごのがんが発見され、しだいに耐えがたくなるその苦悩に終止符を打つためモルヒネの注射を求めた後に死亡する。ケインズは一九四六年の復活祭の日に、心臓発作に襲われる。おそらくこの発作は、よりよき平和な世界の建設に貢献するため第二次大戦中にケインズが繰り広げた巨大な努力と関連している。ケインズは

(2) Keynes, 1930a, p. 117.〔「二　わが孫たちの経済的可能性」〕
(3)「わが孫たちの経済的可能性」が一九三〇年一〇月一一日と一八日に二つの部分に分けて刊行されたのは、この政治－文学雑誌においてであった。ケインズはこの雑誌の取締役会を主宰していた。この評論は、いくつかの改定版があり、ケインズは一九二八年二月以降、口頭でそれを発表している。
(4) Freud, 1930, p. 89.

フロイトよりも楽観主義的なまなざしで世界を見つめていたが、かれもやはり最晩年には、米国との交渉における挫折を繰り返した結果、よりよき世界の到来の可能性についてしだいに幻滅を深めていった。

ふたりの思想家は、気にかかるメッセージを最後に遺した。人類はみずからの破壊を望んでいる、というメッセージがそれである。人類が建設的であるかに見えるときでさえも、そうである。問題はたんに善と悪の弁証法ではない。というのも、フロイトは、「宇宙の起源の代わりに愛と憎悪の闘争を位置づける、古代の神話学と東洋の形而上学を再発見しているからである(5)」。善は善のなかにある悪を利用する。逆もまたしかり、である。フロイトが賞賛した哲学者カントは、『単なる理性の限界内における宗教』のなかで根源的な悪の理論を練り上げた。「人間のなかには悪への自然的性向が存在する。そしてこの性向自身は最終的には自由意志のなかに求められなければならない(6)」。悪は根源的である。というのも、人間には悪の行動基準を普遍的な法則としてうちたてることが不可能だということを、悪が示すからである。悪は人間の自由と一体のものなのである。

資本主義においては、攻撃的欲動は、人類のために自然を変形し統御し永続的に開発するのに必要なエネルギーを提供する。この社会的に回路づけられた破壊的傾向に、社会的に回路づけられたリビドーが重ね合わされる。エロスが作動し、人類が進歩する。エロスがタナトスを支配すると思い込んでタナトスにつき従う、ということもあるし、人間が抜きんでた力を発揮してあらゆるかたちでの暴力を解き放つこともある。だが、悪は否応なくあばら屋のなかにふたたび押し込められる。かつて寛容にされていた暴力が重罪院に移送される。人類に背くような犯罪の犯人は訴追される。暴力はいたるところに立ち現れるが、民主主義が暴力を制度化する。民主主義はまさしく、恐怖政治の下で、あるいは全体主義体制において、暴力が体制となることを回避するためにあるのだ。だが、民主主義は人間関係の退廃に直面する。とりわけ人間関係を変質させるのは、市場、利得の誘惑、占有であり、したがって怨念である。民主主義は暴力とたえずなれ合い、新しい諸概念を考案する。「正義の戦争」といった概念がそれである。周知のように、フロイトにとって、正義性とは、文明の指標のひとつである。これらの正義の戦争は、レーダーのスクリーン、および「外科手術」的な打撃掃討作戦の画像情報に隠れて、技術が可能とするあらゆる歪曲をふくみこむ。もっとも、米国においてさえ、新しい拷問の方法や処刑の方法が考案されているのだ。

一八世紀までは、農業生産の諸条件はまったく変わらなかった。あらゆる発明があったにもかかわらず、である。資本主義とともに、成長が本格的に始動する。理性が蓄積に奉仕させられる。本質的に自給自足に向けられていた社会――ただし、この社会はその内部につねに「有

(5) Delumeau, 1978, p. 18.
(6) Kant, 1793, p. 58.

閑階級」をふくんでいる——から、蓄積のための蓄積を定めとする社会へと引き継がれる。後者の社会は、死との出会いを、つまり無との出会いを可能なかぎり遠くに押しやろうとする。科学は、技術科学〔テクノサイエンス〕へと変貌を遂げる。精神分析を用いた希有な科学哲学者の一人であるバシュラールにとって、「二〇世紀とともに、感覚に刃向かう科学的な思考が始まったように思われる。これからは、頭脳は科学的思考にかならずしも適した道具ではなくなるだろう。すなわち、頭脳は科学的思考にとっての障害となるであろう」[7]。ブラウンはバシュラールのこの文言の一部を引用して、その文言をフェレンツィのつぎのようなさらに手厳しい特徴づけと対比する。「それゆえ、純粋な知性は、死が差し迫ったものとなっていく過程の産物であろう。あるいは、すくなくとも、それは心理的な感覚麻痺が住み着いていく過程の産物であろう。だが、純粋な知性は、また根本的に精神的な病であり、その病の兆候は実践面で利用可能なものとなりうる」[8]。ケインズの高等学校の小論文の審査委員会のメンバーであったホワイトヘッドにとって、一七世紀に発展した科学哲学とともに、「自然は、物静かで、香りのない、色のない、陰鬱な（dull）事柄となる。自然は、物質の急テンポの流れとなり、目的も、意味も、もたないものとなる」[9]。

　文明はけっして死の欲動を消し去ることはなかった。文明は死の欲動を抑圧し、死の欲動を外部に向けて迂回させ、自然に抗して導く。だが、死の欲動は持続し、つねにより強力なものになる。死の欲動は、いつの日かその目的に到達し、文明と人類に打ち勝つことができるだろう。経済においては、成長が危機を生む。それと同じようにして、進歩は後退をふくむ。マルクスが、続いてシュンペーターが、そのことを理解した。マルクスは、ミルやケインズと同じように楽観主義者であった。かれは、プロレタリアートがブルジョアジーを一掃するならば、そのとき人間による人間の搾取は止むであろう、言い換えると苦悩が止むであろう、と信じた。欲求不満は消え去るであろう。まったく同様に、欲求という概念そのものが消え去るであろう。欲求の概念に代わって、狩りをしたり、釣りをしたり、庭いじりをしたり、哲学的な瞑想にふけることに当てられる時間の合間に、一日数時間労働する快楽が現われるであろう。人間は物質の天国のなかで幸福になるであろう。豊穣が、必要性と希少性にとって代わるであろう。「コミュニズム社会の高度の段階では、……諸個人の普遍的な開花とともに、生産諸力が高まり、協同的富のあらゆる源泉が豊かさとともにあふれでるであろう。そうすれば、ブルジョア的権利の狭い地平からきっぱりと抜け出して、社会はその幟〔協同組合ののぼり〕につぎのように刻むであろう。〈各人はその能力に応じて、その必要に応じて〉、と」[10]。人類が山積みの諸物のもとで絶滅するよりもまえにこのようなニルヴァーナが日の目をみることは、おそらくけっして

(7) Bachelard, 1938, p. 299.
(8) Ferenczi, 1931, p. 287.
(9) Whitehead, 1925, p. 57.
(10) Marx, 1875, p. 1420.

ありえないであろう。山積みの諸物は最終的には廃棄物と同じものになる。

フロイトとケインズの命題が正しいと信じさせてくれるのは、どのような指標であろうか。われわれはどのようにして、われわれの時代を学ぶ手がかりを得ることができるのであろうか。黙示録を忘れてみよう。そして、ケインズとフロイトの証言をわれわれの時代から思い起こしてみよう。現代の三つの出来事が、ふたりの見解の正しさを裏づけている。

グローバリゼーション

文明は、しだいに巨大になっていく大衆を組織する方向へと人類を導いた。グローバリゼーションの現段階では、すべてが資本の法則に、商品の法則に従わされる。地球の最小の断片さえもが、蓄積の法則を免れることができない。「時間の外」にあり、歴史をもたず、死を宣告されたとみなされたアフリカでさえ、成長の途上にある。アフリカの人口は爆発し、暴力が炸裂し、中国のような他の諸国による原料の略奪が進んでいる。アフリカの沿岸地域は、日本の漁師によって荒らされる。アフリカの森林が破壊される。アフリカの住民は、人類がほかのさまざまなジェノサイドの記憶をもつだけになおさらやりきれないジェノサイドにさらされている。だが、要するに、アフリカは資本の作用のなかにあるのだ！　アフリカ全体の成長率は、貧民窟とぞっとするような汚染のなかでも蓄積が進行していることを示している。アフリカが世界経済の流れに連なっていることを疑わせる指標が、女性の多産性である。だが多産性は低下し始めている。アフリカは、出産を徐々に制御できるようになった世界のすべての女性の出生率に従っている。フランスで出生のコントロールが始まったのは一七五〇年であった。それは黙って、密かに進められた。出生のコントロールは、経済成長と同時に、大英帝国、米国、南アメリカにおいて、イスラム諸国において、普及した。スペイン、イタリア、アイルランドといったカトリックが支配的で、多産が宿命づけられているように見えた諸国でも、[11]子どもを産まない恐れのほうが強くなっている。ドイツ、ロシアのような諸国では、人口が減少している。クロード・レヴィ＝ストロースが想起したように、人口の爆縮の予言は確認されているのであろうか。それはどうでもいいことである。世界の均質化とは、グローバリゼーションであり、西欧型の貯蓄行動が広まることである。つまり、貨幣を貯蓄することであり、行き過ぎた生殖を拒むことによって、生を貯蓄＝節約することである。貨幣の貯蓄と生の貯蓄はたがいに関連しているのである。

(11) ケベック州人は「揺りかごの巻き返し」を求めた結果、一八三〇年から一八七〇年のあいだに世界でもっとも高い出生率を経験した。

グローバリゼーションとは諸文明の衝突でもある

「諸文明の衝突」は、アメリカの保守派の政治学者のサミュエル・ハンチントンが一九九三年と一九九六年にそれぞれ刊行した論文と、それに続く著書のタイトルに由来している。ハンチントンにとって、それ以後の主要な紛争は、文化的な分岐がもたらす結果であった。たとえば、イスラム教世界とユダヤ教世界とキリスト教世界が対立する。ハンチントンの諸命題にこだわる必要はないが、かれがそれらの諸命題から引き出した結論は、フロイトの「小さな差異のナルシシズム」を見事に説明するものであることを確かめることができる。ベルリンの壁の崩壊、および第二次大戦後の比較的安定した二極の世界の終焉は、この近接性のナルシシズムを呼び覚ました。たとえば、このナルシシズムは、旧ユーゴスラヴィアにおけるヨーロッパ内部の内戦、今日のジョージア（グルジア）や南オセチアにおいても、さらには、現在のアフリカ大陸を引き裂いている諸種の紛争においても、現れている。「小さな差異のナルシシズム」とは、とりわけ発展の水準において諸民族がたがいに近づけば近づくほど、ひとびとはたがいに憎み合う機会をより多くもつようになる、ということである。フツ族とその隣人のツチ族「フツ過激派による大虐殺が起こった」は、同じ言葉を話す。フロイトが述べたように、フランスとドイツの対立関係はこのナルシシズムの見事な事例である。戦後のヨーロッパが建設されたのは、この対立関係を乗り越えるためであった。だがヨーロッパはもろい。諸国民は、進んでたがいの地方的憎悪を再発見しようとしている。諸文明の衝突は、おそらく好戦的な政府に宿命づけられたイデオロギー的構築物であろうが、それはとりわけ憎悪の模倣欲望の爆発的な発現でもある。イスラム世界の憎悪、あるいはイスラエル国家の憎悪は、このナルシシズムを裏づけている。グローバリゼーションは小さな差異のナルシシズムの誘因である近接性を生産したのである。

グローバリゼーションとは大国の出現でもある

中国、インド、ブラジルの台頭は、たしかにグローバリゼーションの証しである。インドの台頭は、おそらくケインズを驚愕させただろう。ケインズは、インド省の役人から経歴を始めた。そして、最初の著書は、『インドの通貨と金融』（一九一三年）であった。一九四四年にケインズがかろうじて想像しえたのは、インド人――もちろんすべてのインド人ではないにせよ――がいつの日か貧困からの脱却を始めることができるだろう、ということであった。中国のめざましい成長は、なによりもまず、この国が独裁と資本主義の驚くべき融合であるという様相を呈することによって、おそらくなおいっそう気がかりである。単一政党の指導者たちの言葉遣いは、マルクス主義への参照と資本主義的成長の賛美とを結びつけ、異常なまでに滑稽で、分裂症気味である。中国が日増しに示しつつあるのは、蓄積が民主主義を必要としない、ということである。[12]その逆に、中国は隷従を愛している。自由な労働組合を欠くことによって、低賃金を維持することができ、それがさらに西欧の企業家たちの羨望を高めた。中国の独裁は、アフリカの独裁のなかでは水を得た魚のように感じている。中国の独裁は、自由を語らずに、投資と原料を語る。一三億人の住民の国——そのうち一億人はディアスポラ〔世界各地に離散する民〕である——の公然たる意思は、中国を陵辱してきた西欧に対する復讐であり、今から一世代で米国を凌駕することである。この国は、オリンピック大会でその力を強く誇示して見せたばかりである。だが、この国は、なんらかの世界的な政治的意思をもったことがあるのだろうか。中国はアメリカのカルタゴ〔古代都市国家で、ローマに滅ぼされ属国となった〕になるのだろうか。それとも、中国は西欧と闘うために、一時的にインドと手を組むのだろうか——中国がインドを軍事的、かつ空間的な領域に収めるようにして——。また、ロシアは完全な収賄国家であり、金利生活者は増大しているが、人口統計学的には衰退しつつある。この巨大な金ぴかの原子力国家であるロシアは、どこへ向かうのであろうか。

中国とインドの成長、そしてそれに続くブラジルおよびアジアの他の新興諸国の成長は、世界の残りの諸国にとっては、許容しがたいものである。これらの諸国の成長にともなう石油および原料をめぐる競争は、先進諸国の供給を犠牲にしてのみ、なしうるものである。先進諸国の生活水準〔を引き下げるという議論〕は、「交渉の余地のない」ものとみなされている——少なくともそのなかのもっとも富裕な層にとっては、そうである――。もちろん、中国と米国は商取引をしている。両国の通貨は同じ単一通貨、あるいは共通通貨である。元はドルにしっかりとリンクされている。だが別の時代には、ドイツとフランスの商業取引が増加しても、アフリカをめぐる両国の敵対関係と第一次世界大戦の勃発を阻止することはできなかった。

中国の住民がヨーロッパ人と同じ生活水準とまではいかなくても、せめて生活水準の半分に達するには、中国にどのくらいの時間が必要なのであろうか。中国は自己自身の国土を砂漠化することから始めているが、それはさほど安心できるものではない。世界はどうやって二億人から三億人の中国人移民を吸収するのであろうか。中国はもはや食料の自給を実現することができない。それは夢となった。インドではいっときそれが成功した。だが、インドもまた、最近になって穀物を輸入する必要に迫られている。インドはものを買う。インドは住民を養うために猛烈な工業成長を余儀なくされている。インドは米をタイから買っている。タイは、石油と同様に米を世界カルテルによって管理できることを発見したばかりである。世界カルテルは米の消費者を脅すことができる。中国はまさに世界の工場である。中国は北のすべての粗悪品

(12) 自由主義の代表的思想家であるハイエクがすでに主張していたように、自由経済と結びついた独裁的な政治権力は、指令型経済と結びついた民主主義権力よりも好ましい。他方でミルトン・フリードマンは、チリのピノチェト体制に言及して、これをつぎのように評価した。独裁はいくつかの状況において経済的自由を再建するために支払うべき代価である、と。

を、あるいはほとんどの粗悪品を生産している。だが、液晶テレビを破格の価格で売るために、中国は同じだけの廃棄物と汚染を輸出し、地球を加熱し、農村を過疎化させ、大規模な移民を送り出す準備をしている。

諸文明の衝突と巨大な新興消費国（自動車の主要な市場はいまやロシアであり、インドであり、中国である）の出現とのあいだで、死の欲動がエロスとともにゆっくりと前進し、グローバリゼーションを牽引している。

グローバリゼーションとは市場の普遍化でもある

市場は、モンテスキューが言ったのとはちがって、平和をもたらすものではなく、その逆に何かを引き起こす引き金となる。市場は自然状態であるどころか、歴史家たちが示したように、ひとびとによって制度化される。諸都市の発展を媒介にして、大規模商業が小規模商業へ、そして国内商業へと移行する。諸国間の商品貿易を組織し調整する権限をあたえられた世界貿易機構（WTO）は、権力の諸関係に代わって商品取引の諸関係を導入しようとした。WTOは、かつては米国および西欧を非難し、今日では中国を非難している。たとえば、米国は、キューバやイランのような米国をいらだたせる諸国との貿易関係を禁じている。ヨーロッパは、自国の農業を貧しい諸国との競争から保護している。商品交換は、マルクスの公式を繰り返すならば、製造される諸商品および原料のなかに結晶化した労働の交換である。結局のところ、商品交換は、今度はフロイトとケインズに立ち返るが、抑圧の広大な流通である。市場は、抑圧されたリビドーと殺害の欲望を通過させる。労苦のくびきを引き続き受け入れ、われわれの性的で攻撃的な欲動を処理し続けるために、他のひとびとは攻撃とリビドーを受け入れ、それらを物へとそらし、物を額に汗して製造する必要がある。

市場が有害であるのは、市場がひとびとのあいだの平等や羨望を普及させるという点においてである。市場は、階層序列と隷属の関係を廃止して、これらの関係を貨幣法則のエセ平等主義に従わせ、そうやって、模倣欲望の最良の諸条件を創出する。その意味で、市場は触媒である。経済危機が現われるのは、諸商品に結晶したあらゆる苦悩が流通させられず、他者によって受け入れられないときである。失業の場合がそうである。もちろん、中国人、インド人、アラブ人といった他者は、その責任者である。ここで、商品関係の普遍化が人類に対して提示する巨大なリスクが推し量られる。階層序列の関係は純粋であり明白であり、その侵犯は制裁や許可を伴うが、それとは逆に、商品関係は人と人とのあいだの「平等」にもとづいていて、商品諸関係が切断されることは受け入れがたい。この切断が今まさにここにある。それが石油危機であり、金融危機であり、穀物危機であり、環境危機である。グローバリゼーション（パリにおけるシステム設計、中国における労働、米国における販売、バハマにおける租税回避）は、製品の最終的価値における輸送費を削減する。たとえインターネットが普及しても、インドの外科医がネット経由でパリで執刀すれば、はやり物の輸送は必要である。チリのリンゴとケニアのインゲン豆をランジス〔パリ南方のオルリー空港近くの町〕で、中国製の携帯用機器をウォルマートで〔売る〕、といったように、である。市場の普遍化は、物理的暴力を契約諸関係にとって代え、模倣欲望の世界の諸条件を創出した後で、石油価格の高騰とともに、速度を落としたが、ふたたび燃え上がる用意をしている。同時に、世界市場の拡張とエセ平等主義は、諸国の内部における、そして諸国間における不平等の信じがたい爆発を包み隠した。二〇年来、西側諸国における遺産相続のすべての法律は、資産形成の重要性をますます高めることを唯一の目的としている。市場は人間の諸関係を非人間化してきた。人間の諸関係は、もはや協同、搾取、隷属、騎士叙任式、あるいは友愛の事柄ではなく、非道徳性、非人間性の事柄となっている。

流動性と金融危機

四四カ国が連合し、ソ連邦がオブザーバーとしてつらなったブレトンウッズ会議によって、新しい国際通貨制度が作り出された。この会議にイギリスの代表として参加したケインズは、世界中央銀行が発行する通貨を創造すること、および資本の移動を管理するシステムを配備することを、を望んだ。アメリカ合衆国は当時最強であり、米国代表の最高責任者の名前でぜひとも必要な案として出されたのが、ホワイト案(13)であった。ホワイト案は比較的謙虚であり、国際通貨制度の中心にアメリカ・ドルを置き、一オンス三五ドルの比率で金にリンクさせた。このような制度によって、アメリカ合衆国は外国の投資のための資金調達を行い、流動性の発行を必要とすることなしに戦争を推進することができた。悪魔はあらかじめ墓穴にいたのである。諸国は自国の通貨の発行を管理するよう義務づけられた。それがほぼ二〇年以上続いた。一九七一年八月一五日、米国はドルを不換紙幣にすると宣言して、ドルと金の結びつきを断ちきった。それは諸国民通貨間の固定為替相場制度の終焉であった。この終焉は、ミルトン・フリードマンを筆頭とする自由主義の経済学者が望んだものであった。こうして、一九七〇年代以降今日にいたるまで、通貨の発行はブレトンウッズ体制の制約から解き放たれた。かつては米国に従属していた巨大銀行は、あらゆる統制から解き放たれた。巨大銀行は国際通貨市場を創設し、この市場によって、民主主義の監督の手を逃れ、タックス・ヘイヴン〔租税回避〕という共謀関係を築き、企業とビジネスマンが税を支払わずにますます富むことを可能にした。

　世界中で流通するこの膨大な量の流動性は、とりわけ株式市場に投資された。株式市場の伸びは、ロシアや中国にいたるまで、きわめて顕著であった。危機がこの両国を脅かすたびに、中央銀行の責任者は株式市場を鎮めるために必要な貨幣をひねり出した。同時に、銀行は保険、投機的取引といった多様化する金融取引に向かうようになった。銀行は、いわゆる金融派生商

（13）今日では、ホワイトはソヴィエトのスパイだったのではないか、と疑われている！

品〔株式や為替などの取引で生じる損失を回避するために、高度な金融技術を使って開発された金融商品。デリバティヴとも言われる〕を創造した。金融派生商品市場は、銀行にとってきわめて高い収益をもたらすが、企業や労働者のような使用価値の創造者にとっては負担がかかる。それは将来に対する投機の市場である。そこでは不安が管理される。金融派生商品市場の容量が大きければ大きいほど――今日この市場で取引されている総額は、世界の実質的な生産の価値額をはるかに上回っている――、不安はますます強まる。それは巨大な寄生虫市場なのである。金融派生商品市場は、生産された富の一部を無用な活動を通して獲得し、そしてその富を破壊する。たとえば、ソシエテ・ジェネラル〔世界八〇カ国以上で事業展開し、三〇〇〇万人の顧客を抱えるフランス第二のメガバンク〕のような銀行は、大胆不敵な「トレーダー」の一人のおかげで評判になっているが、その利益の半分を金融派生商品市場から、言い換えると不安に対する投機の市場から、引き出している。

だがそれ以上に重要なことは、不動産バブル、株式市場バブル、インターネット・バブルから原料バブルにいたるまでの、銀行が世界中で流通させている流動性である。この流動性はもっぱら信用によって存在する。この信用を引き受けるのは、諸種の投資信託会社、その他の銀行、諸種の企業、諸種の個人である。この信用の背後には、いかなる「現実」があるのか。いかなる物が、いかなる労働があるのか。銀行と並んで、信用格付けの代理店、ビジネスの代理人弁護士、金融業者、会計業、金融界が抱える専門家の労働の一部が、そこに同じようにして寄生している。その意味で、信用の背後にある「現実」も、バタイユの言う不生産的支出、蕩尽、浪費という「呪われた部分」に参画している。それゆえ、この「現実」は、世界経済における欲求のはけ口、減圧弁、安定装置の役割を果たしているのだ。

だから、銀行と金融のシステムは、当てにならない信用をためこむことによって、クレジット・クランチ〔信用収縮〕、信用の突然の切断の諸条件を創造することがありうる。それこそ、サブプライムローン危機とともに生みだされたばかりの事態である。本書が執筆されたのは、一九二九年恐慌以来の未曾有の世界金融危機が勃発したばかりのときであった。いまでは、この金融危機は、成長の減速、失業率の上昇、実質所得の減少を引き起こし、実体経済に影響を及ぼすであろう、と予測されている。そして、イギリスやアメリカ合衆国といった新自由主義が勝利したと見なされる諸国が、先例のない、調整の効果を発見している。投機がもたらした有害な諸結果を埋め合わせるために、何十億ドルもが注入された。ごく少数の捕食者たちが被った損失を、多数派の税金によって埋め合わせたのである。この措置に対して大衆が引き起こした反応によって、政府は、企業統治の隠蔽体質、特別報奨金、ゴールデン・パラシュートといった銀行業務のありかたに首を突っ込むことを強いられた。さらに、世界で最大の保険大国であるアメリカ合衆国では、銀行の国有化がおずおずと試みられさえした。国際会議が緊急に招集された。一九七〇年代半ばにフリードマンとハイエクによって埋葬されたケインズが、息を吹き返し、ふたたび尊敬されるようになった。

われわれを脅かしている諸種の出来事の証拠を想起してみよう。それは、予知のほほえみをどこかにもっている。サブプライムの危機は、貸し付けを永続的に更新することにもとづいたアメリカの蓄積体制の崩壊という脅威であった。金融派生市場におけるリスクの積み重ねが、流動性の激しい欲求に背いたのである。流動性の激しい欲求は、ついにバーリング銀行〔イギリスで最古の商工業銀行〕やソシエテ・ジェネラル銀行のようなスキャンダルをもたらした。たったひとりの人間のために倒産を余儀なくされたのである（それは、流動性の世界システムがいかにもろいものであるかを物語っている）。信用危機は、流動性市場を満たそうとした中央銀行の努力を無に帰するほどのものであった。流動性は砂漠に注がれた水のように失われ、「流動性の罠」というケインズ理論がけっして時宜を外したものではなかった、ということがわかる。

レント

われわれが本書で語ったのは、フロイトによって提唱された死の欲動が、ケインズの構想のなかにも散見されるということであった。死の欲動は、とりわけレントのなかに存在する。それは、ケインズが期待した「金利生活者の安楽死」を説明してくれる。おそらく、ケインズはこう考えたのであろう。現在のさまざまな出来事によって、われわれは〔金利生活者の安楽死という〕この転換の途上にあり、かれの見解では、貨幣愛が消滅するよりよき世界へと移行することができる、と。実際のところはどうかと言うと、世界は希少性を、化石燃料の希少性、食料の希少性を再発見している。バイオ・エネルギーと食料との競争によって、ブラジルのような国は森林の減少が加速している。良質の土地を穀物の栽培に、開墾地を家畜の放牧に使用しているからである。穀物に対する世界住民の圧力は、ここ二年間でトウモロコシ、小麦、米の価格を爆発的に高騰させている。石油危機は希少性の驚くべき発現である。石油レントは、石油の採掘に最小限の具体的な労働すら提供しなかった諸国と所有者たちのものとなった。希少性のあらゆる現象はレントの原因となる。建設用地（および、それが引き起こす不動産バブル）においても、原料においても、穀物においても、そうである。

貨幣は石油からどこに移るのか。ヨット、馬の飼育、豪華な不動産、民間のジェット機、絵画、ダイヤモンドへと移る。要するに、石油レントとは、辛い仕事へと労働者を連れて行く自動車のような、高い使用価値をもつ物を、使用価値をもたない物へと迂回させ、高い使用価値を糧にして生きる労働者に対して課税することなのである。レントは余剰へと転ずる。だが、その途中で、レントは労働力の生き血を吸う。レントはダイヤモンドに、不動産を剰余価値に転ずる。レントは労働力の価値を高めず、労働力を破壊する。それに対して、企業家は、金利生活者とは逆に、搾取される労働の価値を高める。企業家が労働者を使うのは、使用価値を製造するためであり、その使用価値はこれらの労働者の労働力を復元するのに役立つから、その途中で、労働者は使用価値の一部を手に入れる。利潤を獲得する過程では、社会的に有用な物を製造するという意思が存在する。社会的に有用であるということは、たったひとつの意味をもつだけである。諸個人が労働するのを可能にする、という意味がそれである。作業指示のマニュアルによって、諸個人は労働することができる。ダイヤモンドはどうしても必要だというわけではない。利潤は不道徳的なものであるか、あるいは不当なものである。それは力関係から生じてくる。利潤とは、おそらく経営者、あるいは経営者の息子がとるリスクに対する報酬であり、あるいはたいしたこともないアイデアに対する報酬である。利潤はレントとは何の関係もない。レントが増加するのは、賃金と利潤を犠牲にしてのみ可能である。レントが増えれば増えるほど、賃金と利潤はまちがいなく減少していく。

スミス、リカード、ミルといった偉大な古典派経済学者は、利潤が長期的にはゼロか、あるいはほとんどゼロになる、と予言した。賃金は、労働者がかろうじて生存することのできる額である。そして、レントは、社会によって生産される価値のすべてをとらえる。そのために、いつの日か、資本の蓄積は終わりを告げるであろう。リカードは終末論としてそれを悟った。これに対して、ミルは――ケインズが予知したように――、この「定常状態」をよりよき世界へと移行するチャンスだ、ととらえた。つまり、貨幣の追求とそれが引き起こす自然の破壊を、生の技法の文化へと反転させようとする。別の解釈では、住民が広大な貧民窟でかろうじて生存し、ごく少数の金利生活者（エリート）が剰余を獲得する世界を思い描くことができる。成長の終焉、つまりひとがそこからけっして脱出することのできない定常状態は、永遠の昏睡に、つまり死に似ている。ケインズは、定常状態を甘受するよりも、むしろ金利生活者の安楽死によって定常状態に備えることを好んだ。リカードとマルサスの政治経済学は、当時は正当にも、「憂鬱な科学（dismal science）」、つまり陰気で、悪魔のように邪悪な科学、暗闇の科学、と呼ばれた。ジョン・ラスキンは『この最後の者にも』[14]というかれの経済学批判の書で、「交換の科学」について、それは「無知にもとづいている」と語った。「それは、とりわけ、そして飛び抜けて暗闇の科学である」[15]、と。

中国とインドの成長に、さらに世界の人口過剰が加えられて、それが原料に対する強い圧力を発揮して、レントが高騰し、不平等が爆発的に激化する。それに加えてさらに、北の住民の高齢化というもうひとつ別の現象があらわれる。北の住民は、みずからの生活を維持するために「金利収入」額を獲得する。だが、それは生産に対する代価ではない。北の住民は、自分たちの年金基金のために、みずからの投資に対してきわめて高い収益率を要求したのであった。年金基金が求める一五％の利回りは有名である。この高利回りのために、企業は生産・流通部門の後続へのリストラを余儀なくされている。この高い利回りが、相場のたんなる高騰から生

（14）一八六〇年に論文の形式で刊行され、一八六二年に著書の形式で刊行された。
（15）Ruskin, 1862, p. 43.

ずる直接のレントにさらに付け加えられる。高齢者の生計費は「呪われた部分」に属する。戦争が引き起こす破壊とは異なって、この剰余の破壊は納得がいく。人口の高齢化がほどなく地球全体に影響を及ぼすようになるので、平穏で、平和的で、慎み深いこの呪われた部分は、たえず増加していくにちがいない。それはどこまで行くのか。しだいに減少していく若者がしだいに増加していく年長者を支えるという世代間のこの気高い均衡は、持続しうるのであろうか。

かように、われわれの時代は、ケインズとフロイトが描いた時代と奇妙にも類似している。新たに「ジャム製造業者」が稼働し、けっして現金化されることのないジャム缶を積み上げている。中国のような新興諸国が世界のパイを製造するとともに、不平等が増大し、このパイがたんにそれを生産する諸国にとってだけでなく地球全体にとっての腫瘍であることが明らかとなる。ケインズは、この「経済的恐怖」からの可能な脱出策を期待したのであろう。だが、フロイトはそれを疑った。「あらゆる文化は、労働の強制、および欲動的禁欲にもとづいている」[16]。人間はたえず労働に身をゆだねなければならず、休みなく労働自身をめぐってことを進めるよう強いられる。ひとは、死の欲動によってたえず死に抗して闘う。ケインズはこの悪循環を好まなかった。かれは考えた。競争と蓄積は有害だが、希少性を脱するためにはそこをくぐりぬけなければならない、と。

今日のテロリズムは、おそらくフロイトを魅惑させたであろう。たいていは高等教育を受けておそらくほかのだれよりも死ぬことを望まないひとの超ナルシシズムには、犠牲者の死体を見たいというサディスティックな快楽がともなうことすらない。自爆テロは、極限にまでいたる死の欲動を帯びている。それは、〔E・アンリ・〕カゼリオ〔一八九四年にフランス大統領サディ・カルノーを暗殺したイタリア移民〕、ラヴァショル〔フランスの無政府主義者で、高級官僚や法務官の邸宅を爆破したなどの罪で、一八九二年に処刑された〕、オーストリア皇太子フランソワ・フェルディナントをサラエボで暗殺したガブリロ・プリンツィプといったアナキストの時代の想像力をはるかに超えている。名誉と服従に満ちた完全に軍事的な生け贄である日本のカミカゼについて言えば、イラクで日増しに続く殺戮に比べると、牧歌的な事態でさえある。ひとびとが、そしてしだいに多くの女性が、そして子どもさえもが、純真無垢の犠牲者たちのただなかで自殺するほどの多くの憎悪と狂信を積み重ねているが、そのおびただしい憎悪と狂信が思い起こされることはほとんどないのである。

（16） Freud, 1927, p. 150.

エピローグ　資本主義のかなたに

「人類の運命にとっての決定的な問題は、わたしには、人類の文化的な発展によって、攻撃と自己破壊の人間的欲動が共同生活にもたらす攪乱をどの程度まで首尾よく制御することができるようになるかどうかを知ることであるように思われる。この点で、現在の時代は、おそらくまさに格別の関心に値するものだ、と言えよう。人間は自然の諸力の支配をとことん突き詰めた結果、いまや、自然諸力の手を借りて、おたがいを徹底的に皆殺しすることが容易にできるまでにいたった。人間は、現在の自分たちの懸念、不幸、苦しみのどん底のかなりの部分からそのことを知っている。そしていまや、期待しなければならないのは、二つの『天上の力』の一方である永遠のエロスが同じく不死の敵対者に抗する闘いにおいて自己をはっきりと主張するための努力をすることである。だが、それが成功するか、いかなる結末を迎えるかを、いったいだれが推測しうるだろうか」。

フロイト『文化の中の居心地悪さ』一九三〇年

「わたしは、あなたがたが宗教および伝統的な道徳のもっとも確実ないくつかの諸原理、たとえば守銭奴根性は悪徳であるとか、高利貸しは犯罪であるとか、貨幣愛は憎むべきであるといったような原理に自由に立ちもどるのを見る。明日のことを少しも気にかけないひとこそ、真に有徳と賢人の道を歩むひとである。われわれはもう一度、手段よりも目的を上位に置き、有用なものより善を好むことになるであろう。われわれは、高潔な方法と善を毎日、毎時集めることをわれわれに教示することのできるひとびとを、物事を直接に楽しむことのできる素晴らしい人を、骨を折ることも紡ぐこともしない野の百合のようなひとびとを、尊敬するようになるであろう」。

ケインズ『わが孫たちの経済的可能性』一九三〇年

どちらかというと道徳が退廃しつつあるこの現在に直面して、いかなる展望があるのだろうか。マルクス主義を標榜する体制が崩壊するとともに、イスラム諸国だけでなく、米国および他の西欧諸国でも、宗教が復活してきた。現実的なものはつかの間のものであるから、別世界のみが永続的であり、そのような別世界の理想が世界中の不満をもったひとびとの心に安らぎをもたらすのである。

つまり、永続性とは、疎外された人間の慰めなのである。だがほかのひとびとの場合は、つまり彼岸の存在を信じないひとびとの場合はどうなのであろうか。

二〇三〇年に人類は経済問題を解決するであろう

ケインズは第一次世界大戦がやってくるとは思わなかった。憎悪の火蓋が切って落とされたとき、かれは驚愕したが、そのときかれは紛争が急速に収束することを期待した。それは人恐慌のときでも、第二次大戦のときでも、同様であった。ブルームズベリーの友人たちは、ケインズのこの度しがたい楽観主義に驚いた。ケインズは信じたのである。頭抜けた知的・道徳的・心理的な資質を備えた上層のひとびとが、社会が苦しめられている害悪を癒してくれるであろう、と。

ケインズが『わが孫たちの経済的可能性』を刊行したのは一九三〇年のことであった。この時期は、世界が一九二九年に始まった大不況にうち沈んでいたときであり、この大不況が本格的に収束したのは第二次世界大戦とともにであった。ケインズはこの本にこう書いた。現在進行している危機は、「経済的悲観主義への重大な接近」[1]を引き起こす。しかしながら、重要なことは、「老齢者に固有なリウマチではなく、変化が急激すぎることから来る成長の痛みである」(ibid.)。危機の原因の深部にあるものを見ないことが、反動家と革命家の双方の悲観主義を説明してくれる、一九三〇年に経験したことは、極端に急激な技術的改善の過程における一時的な中断である(p. 111)、と。「長期的には、これらの全体が意味しているのは、人類が経済問題を解決する途上にある、ということである」。長期的というのは、一世紀ほどのことで、今世紀の終わりには、人間は本質的な欲求が充足され、諸種のエネルギーが非経済的な目的のために用いられるようになるであろう。だがもしも、自由をどのように使うかについて学ぶことがなかったならば、重大な問題が生じてこよう。そうなったとき、生存に必要なものは、一日三時間で生産することができるようになろう。「だから、人類はその誕生以来、初めて真の永続的な問題に直面することになるだろう。ひとたび経済的関心の支配から引き離されたら、その自由をどのように利用するのか。……自由が現われたときに、豊かさを享受することができるのは、生の技法を保存し、それを完成の域にまで高めるひとびとであり、自己の生存のために身売りをしないひとびとである」(p. 113)。「カルペ・ディエム」〔本書五二頁参照〕に値するのは誰か。ブルームズベリーは、おそらくその精神において、将来のエデンの実験室であったのであろう。「ケインズにとってみれば、豊かさと余暇の時代においても、生活手段を蓄積する技法にとって代わる生の技法は困難な技であったろう。生の技法は、洗練された感受性を必要とするからである。洗練された感受性がはっきりと表れるのはブルームズベリー・グループのメンバーにおいてであり、ヴァージニア・ウルフの諸作品は、その洗練された感受性を不滅のものとしたのである」[2]。そのとき、経済学は二義的なものになり、経済学者は「歯医者と同等に、腰が低くて有能なひとびと」(p. 118) になるであろう。同じ時期に、ケインズは『説得論集』の序文でこう書いている。

> 要するに、《経済問題》と呼びうるものは、欠乏と貧困の問題であり、階級間、および国家間の経済闘争であるが、これらのすべては目も当てられないような混乱にすぎない。それはつかの間の、不必要な混乱である。現在われわれの道徳的・物質的エネルギーを吸収している《経済問題》にけりをつけるために、西欧世界はすでに実際に、必要な資源と技術を手にしている。西欧に残された課題は、適切な仕方でその資源と技術を活用する組織を創造することである[3]。

(1) Keynes, 1930a, p. 106.
(2) Brown, 1959, p. 55.
(3) Keynes, 1931, p. 12-13.

貧困と低開発の問題、拡張・危機・不況の交代という問題を解決するのを妨げているのは、諸種の社会構造にまつわるさまざまな障害である。だから、徐々に利子率を引き下げれば、ただ飯を食っている階級を、暴力を用いずとも消滅させることができる。したがって、「金利生活者を安楽死させることができるし、それに続いて、希少性によって資本に授けられた価値を搾取するという、資本家がもつ追加的で抑圧的な権力を徐々に消滅させることができる[4]」。

ケインズは、『雇用、利子および貨幣の一般理論』の末尾において、金利生活者を「安楽死させる」ことを書いた少し前で、「シルヴィオ・ゲゼルの奇妙な予言」(p. 348) を引用している。ゲゼルの思想は、「将来、マルクスよりも多く引用されるようになるであろう」(p. 348)。ゲゼルはとりわけ、『自然的経済秩序』(一九〇六―一九一一年) において、蓄積には不適切な、「スタンプ」貨幣、あるいは「溶解する」貨幣の理論を展開した。エリートによって指導される社会から、文明化された定常社会への軟着陸は、ケインズによって提起された選択である。文明化された定常社会では、もはや希少性に従属しないひとびとに対して、知性・美・文化がふんだんに惜しみなくあたえられる。それはユートピアなのだろうか。必ずしもそうではない。というのも、健康、住居、文化といった、すべてのひとに不可欠な欲求の最低限の充足という現実が、ここにあるからである。この現実を活用することが、人類の仕事である。だがそのためには、蓄積のための蓄積を断念する必要がある。ただし、定常状態が遺伝子に組み込まれる前に、おそらくいくつかの破局と何世代かを必要とするであろう。成長が減退することさえあるだろう。この新しい世界でもやはり、活動的なひとびと、経済学者、歯医者、とりわけ「芸術家」が存在するであろう。

美、および芸術の甘い麻酔

技術は有用性を求め、有用性は醜悪なものを求める。「何の役にも立たないものだけが、本当に美しい。有用なものはすべて醜悪である」。テオフィル・ゴーティエ[5]〔一八一一―一八七二年、フランスの詩人、小説家、芸術評論家〕はかく語った。ケインズとフロイトもまた、美とは無用なものに身を寄せる、と考えた。「われわれは、無用なものこそが美である、とやがて気づくであろう。われわれが無用なものを大事だと考えるのは、それが文化によって評価されるからである。われわれが求めるのは、文化人間が自然のなかで美と出会うところで美を尊ぶことであり、諸物のなかに美をうち立てることである。手作りの仕事がそれを可能にする」[6]。

（4）Keynes, 1936, p. 369.
（5）Gautier, 1835, p. 54.
（6）Freud, 1930, p. 35-36.

近代人は、進歩が誘発する醜悪なものに、都市の棒状の建物、外周環状道路、貧民窟といった醜悪なものに、もっぱら心をうたれるばかりである。廃棄物や醜悪なものは、重要な生産物であるように見える。これに対して、科学的、芸術的な活動は少数者のためにとっておかれる。技術と並んで、「美、所有、秩序は、とりわけ文化の諸種の要請のなかでも、明らかに特別な地位を占めている」(p. 37)。

美は資本主義の構想には属していない。無用なものと美に対して説明をあたえる必要はないのである。そのゆえ、技術および合理的法則は、無用なものと美をないがしろにする。技術は効率を追い求める。醜悪なものを生産する資本主義の能力に魅せられたケインズは、恵まれない階級向けの建物を建設する——それはきわめて壮大な美の建設である——ためのBBC〔イギリス放送協会〕への介入に際して弁護を行った[7]。ケインズが考えたのは、資本主義が貧民のための巨大な集合住宅を生産しうる、ということであった。たしかに、一九世紀の労働者の集合住宅は、二〇世紀の醜悪な高層マンションとは無関係である。鉄道の駅舎がいかに美しいかを発見するには、セーヌ川を下り、ノートルダムからオルセー美術館へと向かうだけで十分である。

身体の復活

「身体の復活」、つまり、罪責感、苦しみ、貨幣の複雑さ、死の恐怖から解放された身体の、ごく一時的で、具体的な復活は、とりわけライヒ、フロム、ブラウン、そしてマルクーゼといったフロイトのラディカルな弟子たちによって提起された課題である。復活させられた人間の身体は、倒錯的なものに、多形的なものになるだろう。そして、抑圧が消滅することになろう。そうすれば、資本主義はひとびとに死をもたらすことをやめるであろう。ブラウンは言う。「死すべきものを考えるほどに強力な文明」を想像する必要がある、と。それは遊びの文明になるだろう。「フロイトの視点からすると、すべての通常人は子ども時代に遊びの天国を経験した。すべてのひとには、労働の慣習の下で、遊びの不滅の本能が存続している。未来の人間が創造される基盤は、すでに抑圧された無意識のうちに存在しているのだ[8]」。

ここで若きマルクスを想起することができる。若きマルクスが考えたのは、政治経済学が交換価値の科学ではなく使用価値の科学になる、ということであり、蓄積の科学ではなく享受の

（7） Keynes, 1936, p. 348.
（8） Brown, 1959, p. 55.

科学になる、ということである。

人間は、自己の普遍的な存在を、普遍的な方法で、それゆえ全体的な人間として、わがものとする。人間が世界と結ぶ関係のひとつひとつが、つまり見る、聞く、かぐ、味わう、触れる、思考する、瞑想する、感ずる、意思する、活動する、愛する、要するに、人間の個体性のあらゆる器官の活動が、そのようなわがものとする活動である。これらの器官は、その形態において、直接に社会器官であるような器官である(9)。

マルクーゼは、現実原理のかなたへの「脱出」を求めて、「抑圧の道を経由した労働、生産性、進歩の文化的英雄(10)」としてのプロメテウスに抗して、オルフェウスとナルシスのイメージを動員する。オルフェウスは石を鳴らす。それは自然との完全な共生を意味する。そしてナルシスは、瞑想を行動に、瞑想を永遠の現在における美の享受に、置き換える。

ナルシスに讃へよ、水を求むる
永劫《とは》の回帰《めぐり》を。水の面《おも》、愛に捧げしその影は
おのが美を究めつくせと勧むるなり。

ポール・ヴァレリー〔一八七一―一九四五年、フランスの詩人、作家、評論家〕、「ナルシス

交声曲」第二景〔落合太郎ほか監修『ヴァレリー全集1　詩集』筑摩書房、三一〇頁〕

世界のオルフェウス的でナルシス的な経験は、収益原理を押し返す。ひとの存在は、人間と自然を一つに結びつける安らぎとして生きられる。だが、《ナルシス》はタナトスとはちがうのではないだろうか。タナトスは休息であり、眠りであり、死である。それはエロスと愛を軽蔑する。事実、マルクーゼが望んだのは、《ナルシス》はまったくタナトスではないということであり、《ナルシス》は「異なった現実原理の萌芽をふくむ」ということである。「この世界を新しい存在様式へと転換することによって、自我のリビドー的カテクシス〔リビドーが特定の対象に集中し発現すること〕は、客観的世界の新たなリビドー的カテクシスの源泉となり、貯蔵庫となりうる」(p. 150)。この新しい現実が、「非抑圧的な昇華」の理念を呼び起こすであろう。マルクーゼはつぎのことを想起する。ハンス・ザックス〔一四九四―一五七六年、ドイツの靴屋の親方で、詩人、劇作家〕が「機械年齢の遅滞」という評論のなかで、なぜギリシャ人は機械の技術のための技巧とそれに必要な知識をもっていながら、機械の技術を作らなかったのであろうか、と問うている。その答えは、ギリシャ文化を支配しているナルシシズムに由来している。「身

(9) Marx, 1844, p. 91.
(10) Marcuse, 1955, p. 144.

体のリビドー的カテクシスがあまりにも強すぎるので、それが機械化と自動化に抵抗する」(ibid.)のだ。オルフェウスが世界を平定したのは、力によってではなく、歌と詩によってであった。ナルシスは自己の身体を愛することを許した。「オルフェウスのエロスは存在を転換する。それは残忍性と死を支配する者となる。オルフェウスの言語は歌であり、オルフェウスの労働は遊びであり、ナルシスの生は美の生であり、ナルシスの存在は瞑想である」(p. 152)。

ここで想起しなければならないのは、フーリエのファランステール〔フーリエが構想した協同生活体〕であり、蝶々であり、陰謀家である。フーリエは、労働を幸福に、資本主義を歓喜にしようと望み、そのために政治経済学を使用価値と享楽の科学にしようと望んだ。快をあたえる労働を発見し、労働生活にエロスを介入させなければならない。労働と快、エロティシズムと社会的な生、瞑想と生、残忍性の非在と社会的な生、他者の現前と模倣欲望の非在、という両立しがたいものを両立させること。そのとき、われわれは平和と美の王国に入ることになろう。そこでは大地が、それまでは芸術家だけが入ることができたがいまやすべての人が入ることのできる庭園となり王国となる。ブラウンは語る。「それゆえ、われわれに必要なことは、活動(生)――それはまた休息でもある――の能力を維持することである」[11]。何というパラドクスか! もちろん、これはユートピアである。フロイトは、マルクーゼとは逆に、このようなイレニズム〔キリスト教の平和神学〕にはまることはない。フロイトの欲動理論は、明白である。エロスのなかにサディズムと破壊の本能がある。そして、芸術、創造、文化のなかに死の欲動がある。なるほど、人間は享受する者であり、遊びは役に立たないものであるが、遊びはまた文明の動態のなかで利用されもする。遊びは容易に競合となることを見るだけで十分である。「安らぎの現在」という理念は、芸術家の理念でも、享受者の理念でもない。「不安と悲痛のなかで死ぬ者は、文明に抗する資本蓄積の行為を仕立てていく」[12]。ひとびとが不安と悲痛と罪責感のなかで生きている、という違いを無視すれば、そうである。たしかに精神分析は、人間を時代の暴君から守り、人間を自由の習得へと促すものとみなされているのである。

いかなる豊かさ?

フロイト、ケインズ、およびほかの何人かの思想家が、芸術家と創作家の人物をあまりにも高く評価しすぎていることを批判するのは容易である。だが、今日、この行き過ぎた評価は、無料のソフトウエアの伝説のなかに見いだされる。無料のソフトウエアのプログラム作成者は、マイクロソフトのような閉じたソフトウエアの提供者が課する所有権に対して反抗している。マイクロソフトは、ソフトウエアの提供者を研究の快楽のなかに縛りつけている。もちろんこ

(11) Brown, 1959, p. 125.
(12) Marcuse, 1959, p. 204.

のプログラム作成のエリートたちは十分な報酬を得ているが、その「芸術的」活動は知的所有権の独占によって制限されているように思われた。官庁、あるいは民間企業の大規模な管理は、ついに無料のソフトウェアの飛躍的発展を導入するに至ったが、そのことは、無償および創造する快楽にもとづく、自由で、協同的な、ネットワーク化された活動のほうが頭脳の旧来的な搾取よりも効率的だ、ということを示している。無料のソフトウェアのプログラム作成のモデルは、たんなる芸術家あるいは研究者であり、その本質的な動機づけはけっして金銭ではない。われわれの提言によれば、物質的経済に代わって知識経済が出現することは、否定することのできない道である。認識の豊かさが財の希少性にとって代わるならば、われわれは芸術家の社会を夢想することができる。あるいはすくなくとも、瞑想的で、純粋無垢で、幸福な、聖書を模写したような社会を、にもかかわらず協同と発明においては活動的な社会を、夢想することができる。

そうすれば、希少性の壁は飛び越えられ、それとともに模倣欲望の暴力は消し去られるであろう。ただそれはほとんどありえないことである。知識経済は、世界生産のせいぜい二%を占めるだけであり、それに加えて、新しい情報経済の出現によって破壊的な物質経済が押しとどめられることはけっしてない。むしろその逆である。破壊は続き、労働は、民衆を隷属させるための代替しえない諸手段のひとつのままであり、今後もそうであり続けるであろう。古いリビドー経済、つまりリビドーの生産への転換は、今日、かつてないほどに永続化されている。

中国の独裁が肉体労働者を猛り狂うほどに搾取し、自然の未曽有の虐殺にとりかかっているこのときに、である。再審に付されているのは、マルクーゼ、ライヒ、〔テオドール・〕アドルノ〔一九〇三―一九六九年、フランクフルト学派を代表する哲学者で、権威主義的パーソナリティの解明に取り組んだ〕、ジョージェスク＝レーゲン〔一九〇六―一九九四年、エントロピー法則を経済学に導入し、持続可能な経済システムを構想した〕、第二、第三のシャルボノーたち〔ベルナール・シャルボノー（一九一〇―一九九六年）はジャック・エリュールの盟友で、政治的エコロジー論の先駆者〕、〔イバン・〕イリイチ〔一九二六―二〇〇二年、現代産業社会批判をおこなった文明批評家〕、〔ジャック・〕エリュール〔一九一二―一九九四年、プロテスタント知識人で、現代テクノロジー批判・文明批評を論じた思想家〕の構想ではなく、暮らしの節度と幸福を結婚させることのできる「新しい」社会についての、かれらの平和主義的な期待のほうなのである。エドガール・モラン〔一九二一年―、諸学の領域を超えて論ずる哲学者〕の言葉を借りるならば、これらの著者のいずれもが、フロイトのなかに、不幸と快楽とが、死と生とが、楽観主義と寛容とが、サディズムと利他主義とが、善と悪の複雑な絡み合いにおいて不可分に結びつけられている、ということをあえて読み取ろうとしなかった。文化は悪をふくみこんでいるのであり、資本主義は文化と悪を切り離すことを不可能にしたのである。そのことがいくらかはっきりとわかるのは、破壊が度を超えたときである。大いに新しいのは、家が燃え上がるのを見ることである。アル・ゴア〔一九四八年―、米国の政治家で、環境問題の論客『不都合な真実』の著者〕やアーノルド・シュワルツェネッガー〔一九四七年―、米国の俳優、実業家、元政治家で、環境問題に積極的に取り組む〕の態度表明、フランス共和国大統領が、ケインズなら憤慨するであろう未成熟なスローガン（「もっと稼ぎたければ、もっと働け」）と並んで、「環境のグルネル協定」〔温暖化ガス排出規制、生物多様性原則、汚染公害対策などを盛り込み、持続可能な発展を謳った法〕を認可するという事実、「持続可能な発展」を支持する雇用者さえもが表明する利益、それが意味しているのは、めらめらと燃える炎の色がついにはもっとも盲目なひとの目をも覚ますことになる、ということである。

ある島の可能性

額に汗して日々の糧を稼いでいるひとびとにとって、余暇とは熱烈に望まれる甘美なものである。かれらが余暇を手に入れるまでは、そうである。

年老いた掃除婦が自分の墓石に刻ませた墓碑銘には、こう書かれている。

「友よ、わたしのことを嘆き悲しまないで、けっして涙を流さないで。なぜなら、わたしは永遠の休息に入ろうとしているからです」。

これは彼女の天国であった。余暇を渇望するほかのひとびとと同じように、彼女は密かに音楽を聴く時間を過ごすことがどれほど快適なことかを想像した。というのも、この詩にはもうひとつ別の節が続いているからである。

「天国が〔旧約聖書の〕詩編歌と甘い旋律を鳴り響かせるでしょう。けれども、わたしは歌うという骨折りとすら縁がないのです」。

だが、この人生に耐えられるのは、歌うことを分かち合えるひとびとにとってだけである――われわれのなかで歌うことのできる者は、なんとわずかであることか[13]！

歌うことのできる者はなんと少ないことか！　そしてもし、タイタニック号の救命ボートが最富裕者にとっておかれたように、「脱出路」がエリートにとっておかれたとしたら？　蓄積過程の果てに、教養に富む、洗練された、取るに足らないエリートが勝利するとともに、われわれはあらためてリカードの陰気な展望に陥る。大地が貧民窟に変貌する、という展望がそれである。ただし、エネルギーの最後のひとしずくが枯れ果てるまで生き残るごく少数の者を除いて、の話である。たいていの場合、小説家は、科学者、哲学者、そしてもちろん経済学者よりも雄弁である。〔オノレ・ド・〕バルザック〔一七九九―一八五〇年〕と〔エミール・フランソリ・〕ゾラ〔一八四〇―一九〇二年〕は、現代の経済学者よりもはるかに巧みに貨幣について語った。『一九八四年』〔ジョージ・オーウェル〕あるいは『すばらしい新世界』〔オルダス・ハクスリー〕は、フロイトが危惧したシロアリの巣について語っている。

(13) Keynes, 1930a, p. 113.

『ある島の可能性』のなかで、ミシェル・ウエルベック〔一九五八年―、フランスの作家〕は、荒廃した大地について言及している。そこでは、住民が野蛮状態にたちもどり、少数の選ばれた者たちがクローン作成によって永遠のなかで生き続ける。この住民は、「平穏で喜びのない生活を送る」。住民にできることは、瞑想し、期待することだけである。毎日がくり返される。細胞が老化し、ひとりひとりの人間機械が焼きついて動かなくなると、複製によってまったく無味乾燥な新しい生を生きることができる。それゆえこれらの選ばれた者全員は、生きた死人にすぎない。ゆきつくところは、保護された別荘地の外で、たがいに殺し合いをする野蛮なひとびとが暮らすことである。かれらがおぞましく生きるとしても、そうである。ウエルベックの小説は、技術進歩と人類の生存の強迫観念の論理を極限まで、それゆえ資本主義の極限まで、推し進める。古生物学者がわれわれに想起させているように、人類はその初期に、ごく少数が(一―三万人が)広大な土地にいて、人口が永続することのできる臨界点に達することができずに消滅した。それゆえ、人類が地球を植民地化しなければならない、とは書かれていない。ましてや人類が銀河系を植民地化しなければならないとは、書かれていない。人類の消滅はありうる。ゾンビたちが、太陽の消滅するまで自分たちの複製をたえまなく続けるとしても、なお人類の消滅はありうる。「エリート」が植民する、ある島の可能性がそれである。

だが、おそらくわれわれはもっと穏やかな脱出路を夢想することができよう。最後に目覚めたエリートの一部が、おそらくは下層のひとびとを気遣うことによって、地球上での平穏な生の諸条件を約束するという道が、それである。現在の危機は、根源的な転換の時期でありうる。エロスとタナトスの闘争は終わってはいないのである。

人類の記憶に

一九二九年に勃発した危機について、ケインズは銀行家の自殺欲望に言及した。この欲望は消え去ってはいないように思われる。自殺欲望は、抑制のきかない利潤の追求という見せかけの下で、八〇年後に銀行家たちを信用への投機へと導き、この投機はついに未曽有の危機にまで至った。銀行経営者、ヘッジファンドの所有者、株式市場のそのほかのトレーダーたちがずるがしこく手に入れた総額は、金融システムが倒壊する直前には、目もくらむほどのものになった。明らかに、かれらのいずれも、作動している死の欲動を口唇サディズム（口唇サディズム期における吸い付きたい、というリビドーの欲望）において認識することはなかった。激高した機械工が奈落の底に向かってひた走る機関車のボイラーに火を入れるように、最良の学校で教育を受けたこれらのエリートたちがみずから貨幣をつぎ込んでいる世界を無意識のうちに破壊したいと望んでいる、などと、どうして気づくことがあろうか。ごく一握りの少数派だけがむかつくほどに富んでいるというのに、銀行の特権階級が全員の財産を生むなどと、だれが信じるだろうか。

憤怒と怨恨、生き抜くための闘いと生きることとの破壊をともなった現在の世界がはまり込んでいる危機は、記憶の問題を提起する。人類とは、はたして先行するさまざまな災害を想起することができるものなのであろうか。破局の教育学〔過去の破局に学ぶということ〕は、はたしてありうるのであろうか。一七二〇年にマルセイユのペストが発生した後、ヨーロッパではペストが撲滅された。貪欲な商人がボケール〔南仏アヴィニョンの南西、ローヌ川沿いの町、中世には市場町として栄えた〕の定期市でウィルスに汚染された絹織物を販売しようと望んだが、最終的には公共の善が貪欲な商人の私的利益にうち勝った。

そう、破局の記憶はたしかに存在する、と言えよう。中央銀行が民間銀行の破産を避けるために流動性を民間銀行にジャブジャブつぎ込むのを目の当たりにするからである。決断力のある政治家を見れば、ケインズとその同僚が一九四四年のブレトンウッズに際してそうしたように、さまざまな金融仲介を規制して思慮に富む諸規範に従わせているように思われるし、銀行家がその取引のほとんどをあらゆる統制の外部でおこなうことのでき、もっとも富裕な者が破廉恥にも脱税することのできるタックス・ヘイヴン〔租税回避地〕に抗して闘っているように思われるし、市場の日々の評価から独立した会計基準を課しているようにも思われるし、また中央銀行自身を管理しているようにも思われる。

だが問題は、今日ずいぶんとあちこちで言われているように「資本主義を再建する」ことではない。問題は、際限のない蓄積と自然のかぎりない破壊にもとづくシステムを乗り越えることができるかどうか、ということである。「環境保護の」経済に向けた方向転換は、緑の化粧をした資本主義的構想にすぎないものとなる危険が高い。新技術のバブルのあとに、風力発電バブルが――バイオエネルギーは日の目を見ないと期待しつつ――引き続いて起こることはないだろうか。重要なことは、もはや再建することではなく、乗り越えることであり、別の事態を考えることである。

しかし、記憶をなくしてどうやって考えることができるのだろうか。いくつかのいわゆる「原始的な」諸社会とちがって、資本主義の諸社会は記憶を欠いているように見える。「原始的な」諸社会は、みずからの社会と自然との関係を資本主義よりも巧みに管理していたのである。一九二九年の恐慌は現在の恐慌を阻止することができなかった。ショア〔本書二一四頁参照〕がツチ族の大虐殺を回避できなかったように、である。われわれが天気や株式相場の合間に日増しに話題にするようになっている人類の絶滅は、書物として読むには面白い恐竜の絶滅に幾分似ていて、逸話であるかのようにみえる。気がかりなのは、人類が資本主義よりも前に絶滅するのではないか、ということである。われわれに目を開くよう助けてくれたコンドルセたち、ケインズたち、フロイトたちは、今日いったいどこにいるのだろうか。

補　論　ブルームズベリーと精神分析

ブルームズベリーというグループの名前は、そのグループのメンバーのほとんどが住んでいるロンドンの街区の名前から付けられている。ケインズもそこに住んでいた。[1] この友人と恋人たちの集団は、一九〇一年にヴィクトリア王朝の支配が崩壊した際にもイギリスにいまだ深く染みついていたヴィクトリア朝道徳と真っ向から対立するという共通の価値観と特定の世界観を共有していた。ヴィクトリア社会は、保守的で、ピューリタン的で、「有徳で」、抑圧的な社会であった。この厳格主義は、なによりもまず性的な事柄に、さらに、家族組織、社会的・経済的秩序にも影を落としていた。たとえば、そこでは、労働、つましさ、貯蓄が称揚された。ヴィ

(1) より詳しくは、Dostaler, 2005, p. 53-95を参照されたい。この著書には、ブルームズベリー現象を引き起こした膨大な文献のうちのいくつかが参照されている。

クトリア精神は、ヴィクトリア朝時代の大英帝国だけの専有物ではなかった。それはヨーロッパの他のいくつかの諸国、とりわけフロイトの少年時代のオーストリアにおいても、その亜流が見られた。

ブルームズベリー・グループがたち現われたのは一九〇五年ころで、ケンブリッジ大学の何人かの元学生たち――そのほとんどはアポスルズ(2)のメンバーであった――と、ヴァネッサ・スティーヴン〔ヴァネッサ・ベルの旧姓、一八七九―一九六一年、風景画、肖像画の画家〕およびヴァージニア・スティーヴン〔ヴァージニア・ウルフの旧姓、一八八二―一九四一年、小説家、評論家〕というふたりの並外れた才能の姉妹とが出会ったことからであった。画家のヴァネッサは一九〇七年にクライヴ・ベル〔一八八一―一九六四年、美術評論家〕と結婚し、ヴァージニアは一九一二年にレナード・ウルフ〔一八八〇―一九六九年、政治学者〕と結婚した。一九〇四年に父レズリー・スティーヴン〔一八三二―一九〇四年〕――イギリス精神史の重要な作品の著者である――が死ぬと、その四人の子ども――ヴァネッサ、ヴァージニア、ソービー、エイドリアン――は、ゴードン・スクウェア四六番街のブルームズベリー街区に居を構えた。ゴードン・スクウェアは、のちにケインズのロンドンの住まいになったところでもある。そこでは、木曜日の夕方に人生の事柄を熱心に議論するためにもてなしが行われた。この「ブルームズベリー人たち」に徐々に何人かが参加するようになった。とりわけ、画家のダンカン・グラント〔一八八五―一九七八年〕――リットン・ストレイチー〔一八八〇―一九三二年〕のいとこで、ケインズと長いつきあいがある――、芸術批評家のロジャー・フライ〔一八六六―一九三四年〕――ブルームズベリー・グループの長老で古参の伝道師であり、ヴァネッサ・ベルの恋人になるが、その後、ヴァネッサ・ベルはダンカン・グラントと運命の結びつきをする――、小説家のエドワード・M・フォースター〔一八七九―一九七〇年〕、らである。

ブルームズベリーでは、どんなものであれ、既定の事実としてみなしてはならなかった。全員に最大限の誠実さと真摯さが求められた。懐疑主義が培われたが、理性の力、文明の進歩、人類の改善可能性が存在するものと信じられた。ブルームズベリー人は耽美主義者〔功利主義的道徳を廃して、美の享受に最高の価値を置く芸術思潮〕であり、人間のさまざまな所産のなかでも芸術を最上位に置いた。かれらは快楽主義者であり、祭り、旅、料理、美酒を好んだ。[3] かれら

(2) 一八二〇年に設立されたケンブリッジ懇話会は、「アポスルズ協会」という名のほうが有名であるが、大英帝国の大学界では典型的な機関である。それは一連の規則とかなり特殊な隠語を尊重する、入会許可制の討論集団であった。集団の討論は、一般に、人間の実存にかかわる次元の諸問題――生の意味、道徳、宗教、芸術、文学、哲学――に焦点が当てられた。会話の自由が基本原則とされ、いかなる主題であれ、タブーとみなされるものはなかった。この協会は、非公開で、しかも常時活動し、大英帝国の文化的・科学的エリートの隊列に属するものとみなされた。ケインズは、一九〇三年一月二八日にキングズ・カレッジに就任した直後に、この協会の宣伝係に選出された。そして、生涯を終えるまで、この協会の事業に深くかかわり続けた。

(3) フロイトもまた、旅に情熱を注ぎ、おいしい料理と美酒を賞味した。Freud, 2005 を参照。

はほとんどがフランスびいきで、(4) 芸術的な料理法、さらには料理書までもイギリスに輸入した。ブルームズベリーのひとびとは、ヴィクトリア朝道徳に対する反乱の先兵であり、平和主義者であり、ヴィクトリア朝道徳が讃える諸制度——軍隊および教会——を嘲笑した。フロイトは、〔軍隊および教会という〕この二つの「人工的な集団」について、『集団心理学と自我分析』において論じている。ブルームズベリーのひとびとは、社会慣習を、そしてとりわけ性道徳を拒否した。ブルームズベリーのひとびととの結婚は、因習的なところがほとんどなかった。同性愛が容認されただけでなく、おおいに実践された。同性愛カップルが、そしてごくまれには三人のカップルができあがり、当時のひとびとからひんしゅくを買う雰囲気のなかで入り乱れた。そのために、ケインズは一九〇五年一二月一〇日にリットン・ストレイチー宛てにつぎのように書いた。(5)

「ラムは、ヘンリーとスティーヴン家に対する何の得にもならない(と私には思われる)陰口でいっぱいだ。ヘンリー・ラム〔一八八三―一九六〇年、画家〕はヴァネッサを、ヴァネッサはナインを、どのように愛したのだろうか? そして、エイドリアンはナインを? 私が思うに、レズビアン、ホモセクシュアル、近親相姦といった残りすべての諸関係は、可能でもあり、不可能でもある」。

だから、ブルームズベリーのひとびとは一種の家族であり、その敵対者たちがときに売春宿にたとえているような共同体なのである。愛情関係の最後には、友情が続く。たとえそこに後遺症が残らないわけではないとしても、である。ブルームズベリーを特徴づけているのは、なによりもまず、そのメンバーたちが生涯の最後までしっかりと結びつき連帯していた、ということである。ときおり、紛争や不和や危機が避けられなかったとしても、である。ブルームズベリーのひとびとは、またイギリスおよび西欧世界における文化と社会を特徴づけている熱意ある働き者であり、輝かしい知識人であり、頭抜けて創造的な人間であった。それはいくつかの分野においてそうである。ヴァージニア・ウルフとE・M・フォースターの小説、ダンカン・グラントとヴァネッサ・ベルの絵画、ロジャー・フライとクライヴ・ベルの芸術批評、リットン・ストレイチーの伝記と歴史、デズモンド・マッカーシー〔一八七七―一九五二年〕とヴァージニア・ウルフの文学批評、ケインズとレナード・ウルフの経済学および政治学など、がそれである。そのほとんどがジャーナリズムにおいても重要な役割を果たした。ブルームズベリー・グループは、重大な社会的・政治的・経済的転換の時期に出現し、美的・文化的な新基軸をうちだした。それはときに「モダニズム」という表現で特徴づけられる。この表現は、またフロイトの青年期のウィーンを特徴づけるためにも使われた。芸術も、文学も、ともに、現実を描

(4) ただし、ケインズはフランスびいきである以上にドイツびいきであったとみなされている。ブルームズベリーとフランスとの関係については、Caws et Wright, 2000 を参照されたい。

(5) まさにこの年に、フロイトは『性生活の三つの試論』を刊行した。リットンの弟でこの書を後に翻訳したジェイムズ・ストレイチー〔一八八八―一九六七年、ジャーナリスト、フロイトの著作の英訳者〕は、この書がフロイトのもっとも独創的でもっとも重要な著作である、と述べている。

くというよりもむしろ、感動を引き起こすことを目ざさなければならない。大切なのは、テーマよりもむしろ取り扱い方なのである。

だから、ブルームズベリーの文化と精神分析とは、似たような状況のなかで生じたのである。ロンドンでも、ウィーンでも、芸術家たちと知識人たちがみずからのアイデンティティを求めて、保守主義、反啓蒙主義、独裁的な権威、ピューリタン道徳、性的抑圧に逆らって反応した。これらの芸術家と作家の集団は、ケインズのもっとも身近な友人であり、たいていの場合、やっかいで、ひねくれた、利己主義的な性格の持ち主であった。それが、新しい学問にとってふさわしい基盤であった。フロイトの諸命題は、窒息するようなヴィクトリア朝世界において、生の様式に関して自己を解き放ち、罪責感から自己を解放してくれるものであった。

ケインズは、ブルームズベリー・メモワール・クラブ[6]の友人たちの前で一九三八年に読み上げたごくまれな自伝的なテキストのなかで、つぎのように書いている。一九〇五年ころに、ケインズと友人らは、「われわれの本性もふくめて、まったく人間本性を理解していない」「フロイト以前[7]」の人間であった、と。ケインズはこう語った。自分は当時、人間の存在にあまりにも多くの合理性をあたえすぎていた。来たるべきさまざまな出来事、とりわけ戦争によって、またそれらの出来事がケインズに示唆することになる諸種の考察によって、ケインズはつぎのことを納得することになる。人間の運命においては、欲動、無意識、そして多くの場合倒錯が、合理的な熟慮よりもはるかに重要な役割を果たす、ということがそれである。「人間本性を合理性に帰することは、人間本性を豊かにするよりもむしろ人間本性を貧相なものにしてしまったように、私にはいまでは思われる。そのために、感情のいくつかの強力で貴重な源泉が考慮されなかったのである」(ibid.)。

ケインズは、『文化の中の居心地悪さ』におけるフロイトの強調点を見つけ出して、こう書いた。「われわれは、文明というものが、少数の人格と意思によってセットされたひどく薄っぺらくもろいかさぶたであり、巧みに際立たされ、狡猾なしかたで保存された諸規則と慣習によってもっぱら支えられたものである、ということに気づいていなかったのである」(p. 447)。

しかしながら、ケインズが提起したこの話は、同時代を生きていたかれの友人たちの何人かによって、とりわけレナード・ウルフによって批判された。レナード・ウルフは、かれの回想録のなかで、リットン・ストレイチーとかれが心理学を探究し、かれらの人間関係をより真実のものにすることによって改善しうるための「方法」を、一九〇〇年から一九〇五年にかけてどのようにして考案し友人たちに実験したかを語っている。「それは友人の精神に適用された一種の第三度の心理学的な調査であった。それはフロイトについて語るのを聞くよりもずっと

(6) ブルームズベリー・メモワール・クラブは、一九二〇年に設立され、たいていはケインズの家に年に何回か集まった。それは、メンバーのうちのひとりが自伝的文書を読み上げるのを聴くためであった。

(7) Keynes, 1938, p. 448.

以前のことであったが、たとえそうだとしても、それは一種の強迫的な精神分析であった」[8]。フロイトとブルームズベリーの最初の接近がおこなわれたのは、一九一四年であった[9]。まさにこの年に、『日常生活の精神病理学』の英語版が出版された。レナード・ウルフは、雑誌『ニュー・ウィークリー』でこの本の書評を公表した。リットン・ストレイチーは、一組のカップルがフロイトの諸命題について議論している戯曲を執筆している（一九一四年）。ウルフはこう述べる。「一九二四年に先立つ一〇年間に、ブルームズベリー・グループと呼ばれるもののなかで、フロイトおよび精神分析に対する多大な関心が生じた。この関心は飛び抜けて重要なことである」[10]。ブルームズベリー・グループの四人のメンバーが、精神分析学者の職に就くという決心までする。ひとりは、ヴァージニア・ウルフの弟のエイドリアン・スティーヴン〔一八八三—一九四八年〕である。かれは、その妻のカリン・コステロとともに、戦争が終わったら、精神分析学者になるために医学部に入ると決心する。この夫婦は、一九二六年に、ケインズの住まいに近いゴードン・スクウェアで新しい職を始める。ヴァージニアは、弟の活動に関して、一九二七年五月二二日に姉のヴァネッサにつぎのように書いている。「わたしはスティーヴンの居間にこっそりと入り込み、様子をうかがった。そこでは、真っ昼間の午後いつでも、絶望と恐怖の極限状態にある女性がソファに横たわり、枕に顔を埋めている。そのあいだ、エイドリアンははげたかが卵を抱くように彼女を見つめ、彼女の感情を分析している」[11]。

ジェイムズ・ストレイチー〔リットン・ストレイチーの弟〕は、戦争〔第一次大戦〕の終わりに同じ決心をする。しかしながら、かれは医学の研究を即座にやめて、精神分析に移る決意をし、自分の無意識を師の観察に直接さらけ出そうとする。一九一八年一一月二一日に、ヴァージニア・ウルフはつぎのようにコメントしている。「ジェイムズは『オナニズム』に関する会議の知らせを受けて、ハーレー通りでフロイトの解説者として身を立てようと思いつく。すくなくとも、学位なしで済ませられる」[12]。フロイトは、ジェイムズとその妻アリックス・サーガント・フローレンス〔一八九二―一九七三年〕を同時に診ることに応じる。この企ては〔一九二〇年六月か

(8) L. Woolf, 1960, p. 113-114.
(9) フロイトの諸理念が大英帝国に導入された最初の入り口のひとつは、一八八二年に設立された心理学的調査協会であった。ケインズはこの協会のメンバーであった。
(10) L. Woolf, 1967, p. 164.
(11) L. Woolf, 2003. p. 228. ここから、一九四一年にヴァージニア・ウルフを自殺に導いた鋭い心理学的諸問題を解決するために〔精神分析医の患者用の〕枕付き寝椅子に横たわることへの彼女のためらいを解明することができよう。彼女の最初の重大な危機は、母の死後の一八九五年にあらわれた。彼女は最初の小説を仕上げたあとで、自殺を遂げようとした。そして、ケインズの兄のジェフリーに救われた。ジェフリーは医者だった。彼女の甥で伝記作家のケータン・ベルはつぎのように評価している。「もしレナードがもう二年早くフロイトを発見していれば、ヴァージニアの加療の歴史は違ったものになっていたであろう」(Bell, 1972, vol. 2, p. 19)。
(12) V. Woolf, 1977-1984, vol. 1. p. 221.

ら」一九二二年の春まで続けられ、そのときフロイトは二人が精神分析学の実践に携わるのにふさわしい、と判断する。[13] 二人がウィーンに到着してほどなく、フロイトは、ストレイチーに一九二〇年に刊行されたかれの論文のひとつの「子どもをたたく」を翻訳するように頼む。この翻訳は、ジェイムズが一九二二年におこなった『集団心理学と自我分析』の翻訳に続くものであった。一九二一年三月には、さらに大きな事業が夫婦ふたりに託された。五つの事例研究の翻訳である。[14] 二人は五年間その仕事に専念した。フロイトはふたりを「優れた英語の翻訳家」と呼んで、評価している。

ジェイムズとアリックスのストレイチー夫妻のウィーン滞在は、フロイトとケインズの最初の間接的な出会いの機会であった。リットン・ストレイチーは、一九二一年二月二二日に、ケインズに宛てて書いている。「同封したジェイムズの言葉は、君を喜ばせるだろう。君のウィーンでの評判は、どうやら大きいようだ。そしてフロイト博士も、君がかれの名前をどこかでとりあげたときのほうがほかのどの情報筋よりも評判がよいことを認めている。フロイトはこの機会に何通かの賛辞の手紙を受け取った。それを除くと、かれはオーストリアでは知られていない」。ケインズがフロイトを取り上げているのは、『平和の経済的帰結』の第三章「会議」である。この章で、ケインズはヴェルサイユ会議の主役たちの肖像を描いている。そして、ウィルソン大統領について、こう述べている。「精神医学の言い回しを借りるならば、この条約が大統領の関与を裏切るものだということを大統領にほのめかしているのは、かれのフロイト・

コンプレックスの核心に触れるに等しい。このテーマに手を付けるのは、かれにとって耐えがたいことである。かれの無意識のあらゆる力がたがいに手を組んで、検討を深めるのを妨げている」(15)。一九三〇年には、フロイト自身が、米国のジャーナリストで外交官であるウィリアム・ブリット(16)〔一八九一―一九六七年〕とともに、ウィルソン大統領の心理学的肖像を作成しようと企てた。ブリットは、フロイトに自分の考えをほのめかした。この本が刊行されたのは、ようやく一九六七年になってからで、ウィルソン大統領の二度目の妻が死んだ後のことであった。ブリットはその本の序文で、こう指摘している。二人は、この本を準備するためにケインズの

(13) 一九〇二年一一月六日の兄のリットンへの手紙のなかで、ジェイムズはフロイトを「きわめて愛想のよい人、肝を潰すような芸術家」(Meisel et Kendrick, 1990, p. 43) であり、「まったく有機的で美的な時を過ごした」(ibid.)、と語っている。

(14) 「ドーラ」、「子どものハンス」、「鼠男」、「シュレーバー大統領」、「狼人間」。

(15) Keynes, 1919, p. 66. 一九二〇年に *Nouvelle Revue Française*『新フランス雑誌』が刊行したポール・フランクの最初のフランス語訳では、このフロイトへの暗示は消えている。そこでは、「フロイト・コンプレックスの痛いところに触れる」(JMK, 2, p. 34) という箇所が、「結節状塊〔リンパ神経節〕にあからさまに触れる」(p. 52) となっている。

(16) ブリットは、当時パリ駐在の米国大使で、併合〔ヒトラーによるオーストリア併合〕ののちに、フロイトがウィーンから逃れる手助けをしている。かれはパリ講和会議に参加し、ケインズと同様に、ドイツに課せられた賠償の性質に同意せずに、辞任した。

書を読んだ、と。[17]

フロイトは、ケインズの読者であったが、またリットン・ストレイチーの読者でもあった。フロイトはジェイムズと出会う前にすでにそうであった。『著名なヴィクトリア朝人たち』（一九一八年）、『ヴィクトリア王妃』（一九二一年）は、ストレイチーの名声を高めた。それは新しいスタイルの心理学的伝記の口火となった。この心理学的伝記は、フロイトから影響を受けたものであるように思われる。傑出したヴィクトリア朝人とその君主は、神経症患者として描かれる。そしてかれらの神経症は、性的次元の諸要因に帰せられる。実際には、リットン・ストレイチーが最初の本を書いたとき、かれはフロイトの諸命題に対してかなりためらいがちであった。かれはフロイトを多読したわけでもなかった。事態が変わるのは一九二〇年代である。かれはケインズと同様に、フロイトの選集を読み、『エリザベスとエセックス』でフロイトの諸命題を最終的に活用する。ヴァージニア・ウルフがのちに『三枚のギニー金貨』でそうしたように、である。さらに、そのために、フロイトは賞賛に満ちたきわめて長い手紙をリットンに送ることになる。

わたしは、あなたのこれまでの諸テキストを大変な喜びをもって読みました。しかしこの喜びは、とりわけ美的な次元にかかわるものです。今回、あなたは、いつも以上にわたしの心を揺さぶりました。というのも、あなた自身が大いなる深みにまで到達したからです。……あなたは、ほかの歴史家たちが通例は脇にのけていたものに完全に気づいています。過去を確実に知ることは不可能だ、ということをあなたは知っている。というのも、われわれはひとびとの動機づけとひとびとの精神の本質に関する仮説を十分にたてることができない、したがってひとびとの行為を解釈することができないからです。……それゆえ歴史家として、あなたが示しているのは、あなたがいかに深く精神分析の知性に根を下ろしているか、ということなのです。[18]

一九二四年はじめに、ジェイムズ・ストレイチーは、レナード・ウルフに近づき、フロイト選集の編集者になってもらおうとする。そのうち四巻は、アリックスとジェイムズのストレイチー夫妻が率いるスタッフのおかげでできあがった。レナードはこの申し出を受け入れ、かれが自分の回想録で語っているように、この決定が、一九一七年にヴァージニアとともに設立したホガース・プレスの将来に対して重大な影響をもたらした。[19] この翻訳刊行の賭けは、実際に

(17) Freud et Bullitt, 1967, p. 8.
(18) 一九二八年一二月二五日、フロイトからリットン・ストレイチーへの手紙、Meisel et Kendrick, 1990, p. 373.
(19) この会社〔ホガース・プレス〕は、ケインズの短編評論のいくつかを刊行していたが、それはケインズのもっと大部の著作をマクミラン社に回すためだった。

きわめてリスクが大きかった。編集者のアンウィンはこの編集に取りかかるのを拒んで、レナードにやめるように忠告した。ところが、フロイト選集の四巻本は、一九二四年と一九二五年に刊行され、米国でも、イギリスでも、多大な成功を収めた。この選集は、四〇年間も販売されることになる。一九五〇年には、第五巻が刊行された。ケインズおよびブルームズベリー・グループのその他のメンバーがフロイトの仕事のさらに重要な内容を知ることになるのは、この第五巻の編集においてである。ジェイムズ・ストレイチーは、一九二五年六月一八日にアリックスにこう書いた。「ところで、メイナードが、『歴史的諸事例』に夢中になっている、と言っている。メイナードはこの翻訳に対するいくつかの祝辞を述べた。それによると、かれは、このテーマ全体をしっかりと把握するために、フロイト教授の研究の全集を読み進めつつあるように思われる」[20]。ケインズはそこで、『貨幣論』ならびに『雇用、利子および貨幣の一般理論』で役立つ諸種の発想を見つけ出す。ケインズは時折用いる「シエラ」という偽名で、自分が取締役を務める週刊誌『ネイション・アンド・アシニーアム』のコラムにおける議論の最後でこう記した。

わたしには、フロイト教授が科学的想像力の才能までをも備えているように思われる。かれの科学的想像力は、豊かな革新的発想を、大反響を呼ぶような理解方法を、もっとも忍耐強くて、もっとも公正な吟味に値する、直感と共通の経験を通して十分に確立された研究仮説を、実現可能にしてくれる。かれの科学的想像力は、おそらくは、放棄されねばならない、あるいはもはや存在しないほどに手直しされねばならない諸理論と、壮大で、恒久的な意義をもった諸理論とを、同時にふくみこんでいる[21]。

一九二四年以降からフロイトが死ぬまでのあいだ、ホガース・プレスは、かれの著書の英語版の翻訳のすべてを刊行する。また、ロンドン精神分析研究所に関連する精神分析ライブラリーのおよそ七〇点に及ぶ作品も刊行した。この経験について、ウルフは回想録において、彼女がフロイトから引き出した最大の喜びは、彼女がフロイトとともに創造した関係であった、と語っている。ヴァージニアがフロイトと対面したのは、一九三九年一月二八日のたった一回だけである。フロイトは「異常なまでに礼儀正しく、格式張った古風な服装で」スイセンを差し出した。「かれのなかには、なかば死火山のようになったあるものが潜んでいた。睡眠状態にあるもの、抑圧されたもの、貯蔵されたものが潜んでいた。かれがわたしにあたえた印象は、つぎのようなものであった。わたしが出会ったひとできわめて心優しいという印象をあたえたひとはごくわずかであるが、かれはそのひとりで、しかもその優しさの背後に偉大な力を秘めているひとであった[22]」。その反面で、ヴァージニアはフロイトを「猿のような澄んだ眼をして、け

(20) Meisel et Kendrick, 1990, p. 331.
(21) Keynes, 1925a, p. 392.
(22) L. Woolf, 1967, p. 168-169.

いれんし麻痺したような動作で、発音は不明瞭だが元気のいい、いまやゆらめく残り火のような、しわだらけで惨めな老人[23]」として語っている。彼女が本格的にフロイトの解読にとりかかるのは、この出会いの後になってである。それは、「視野を広げるためであり、わたしの頭脳をより大きな容量にするためであり、そして外に出るということを目標にするためであり、それゆえ年齢による収縮をのりこえるためであり、新しい事柄を手に入れるため[24]」であった。彼女はこう語っている。フロイトの解読によって、両親との関係を両義性において、つまり愛と憎悪の混じり合いにおいて——フロイトはこの混じり合いが自然なことであることを証明した——、より鮮明に洞察することができるだろう、と。

彼女はこの解読を長期にわたって活かす時間をもつことがなかった。一九四一年三月二八日、彼女は、オーバーのポケットに小石を入れて、家の近くのウーズ川の流れに身を投げた。死の欲動が創造的な才能を上回ったのであろうか。フロイトは、それよりも一年六カ月早く、一九三九年九月二三日に亡くなった。かれはあごのがんで一六年間耐え続けてきた苦悩に終止符を打つことを医者に頼んだ。ケインズは、よりよき世界を築くための合意に向けた戦争中の努力によって疲れ果て、一九四六年四月二一日に六二歳で亡くなった。

（23）1977-1984, vol. 5, p. 202.
（24）1977-1984, 一九三九年一二月二日のはじめ。Vol. 5, p. 248.

謝辞

本書で提示された諸説のうちのいくつかは、これまで刊行されたわれわれの諸研究において述べられたものである。[1] われわれはこれらわれわれの先行研究での解釈、あるいは先行研究に関してコメントをいただいたことに対して、ブラッドリー・ベイトマン、ジル・ブルク、ロベール・ディアマン、ベルナール・エリ、クロフォード・ゴドウィン、リック・ホルト、オリヴィエ・ファヴロー、カトリーヌ・マルタン、アレクサンドル・ミンダ、ロベール・ナドー、プピタ・ウルド＝アフメッド、カール・ポランニー＝レーヴィット、パトリック・レーヌ、アントワーヌ・ルベイロル、ルイ＝ベルナール・ロビターユ、ピエール・ローション、ジョン・スミリン、テッド・ウィンズローの各氏に感謝申し上げる。最後にわれわれは、本書を忍耐強く、詳細に読み返し、さらには適切な忠告をしていただいたことに対して、エレーヌ・モンサクレ氏とデルフィーヌ・エーラル氏に感謝申し上げる。

（1）とりわけ Dostaler, 1997; Maris, 1999; Dostaler et Maris, 2000; Dostaler, 2005; Dostaler et Maris, 2006 を参照されたい。

〈訳者解説〉フロイトとケインズで読む資本主義の破局的危機

はじめに

人類は死を望んでいるのではないか――本書は、フロイトとケインズが遺したこの不気味なメッセージを手がかりにして、二一世紀に進行する資本主義の破局的な危機を読み解こうとするこころみである。資本の価値増殖の運動を全開して急進展するグローバリゼーションの動態は、いまや深刻な危機に直面している。私的な貨幣欲望を無際限に解き放ち経済成長をひたすら追求するこの世界が、なぜ社会と自然の破局的危機を招来することになったのか、本書はこの問いに「死の欲動」というフロイトの精神分析の概念をもって答えようとする。

1 破局を欲望する資本主義

本書（第3章）は、現代資本主義の危機の進行を、グローバリゼーション、世界金融危機、レント化（不労所得化）傾向において読み取る。

一九九〇年代に冷戦が崩壊した当初、グローバリゼーションは平和・自由・平等・民主主義の代名詞のようにして語られていた。それはイデオロギー対立にもとづく戦争や紛争に終止符を打つ「歴史の終焉」（フランシス・フクヤマ）であり、国境の壁を取り払った「ボーダレス社会」の出現をあらわす希望の言葉であるかのように表象された。

だが、グローバリゼーションはいまやその正反対物であることが誰の目にも明らかになっている。グローバリゼーションは、地球のすべての地域を市場と資本の法則に従えることによって、エネルギー・原料・食料などの資源の略奪を押し進め、森林の伐採、河川・海洋・大気の環境を破壊し、ひとびとの暮らしの持続性と連帯性を打ち砕いた。

また、市場のグローバリゼーションは世界の均質化を招くのではなく、地域・国家・宗教集団へのひきこもりを誘発し、たがいの敵対関係と紛争を激化する。また資本のグローバルな移動は、成長と停滞という先進国と途上国とを隔てる二極化された世界の構図を突き崩し、南の諸国の工業化を推進した。今日の製造業の中心はこのような新興工業国に移動し、旧工業諸国と新興工業諸国とのあいだで激しい輸出競争が展開される。またこれらの新興工業諸国が同時に新興消費国となり、グローバル資本がこの新興消費地域の消費需要を奪い合うグローバル競争が激化している。さらに、グローバル市場競争は、商品・貨幣・資本を絆とした世界の相互依存関係を深めながら、この相互依存関係の切断をたえず引き起こすことによって切断の地球的規模での波及効果を巨大なものにしている。原材料の危機、食糧危機、エネルギー危機、金融危機、環境危機がそれである。

世界金融危機は、このグローバリゼーションの破局と連動し、危機をさらに加速した。ドルを基軸とする戦後国際通貨体制の動揺と金融の自由化は、投機的利益を追求する世界の巨人な資金循環フローを創出した。先物、オプション、スワップなどの金融派生商品の売買を通して瞬時に巨額のキャピタルゲインを獲得しようとする投機的金融取引が肥大化し続ける。そしてその資金循環フローがゆきづまったとき、巨大な信用収縮が世界を覆う。信用収縮は実体経済の循環運動を断ち切る。本書が刊行された当時に世界を震撼させたグローバル金融恐慌（二〇〇八年のリーマンショック）がそれである。

レントは産業活動における収益、つまり利潤とは異なり、時間の経過とともに資産保有者にころがりこんでくる不労所得である。このレントが、産業活動によって生み出される付加価値（賃金、利潤）を上回って増大している。金融資本主義の下で、不動産・金融資産を運用して巨額の利益を詐取する不労所得階層が肥大化している。

本書が二〇〇九年時点で語ったグローバリゼーション、世界金融危機、レントの以上のような諸相は、それからほぼ一〇年近くが経過した今日、さらに深刻な様相を呈している。

グローバリゼーションは、社会階層間、地域間、国民経済間の格差をますます拡大し、一部の超富裕層に富を集中させ、先進資本主義地域の中産階級の解体現象を引き起こしている。ピケティ『21世紀の資本』(山形浩生ほか訳、みすず書房、二〇一四年)、ブランコ・ミラノヴィッチ『大不平等』(立木勝訳、みすず書房、二〇一七年)は、この格差と不平等を統計データによって裏付けた。問題は格差と不平等だけではない。その背後で、ひとびとの暮らしの相互扶助と連帯の仕組みを破壊する「文化的破局」(カール・ポランニー『大転換』)の過程が密かに進行する。グローバリゼーションは、ひとびとの生存と生活の自立能力を破壊し、その自立能力を奪われたひとびとを労働市場へと囲い込む近代資本主義の長期にわたる歴史を、全地球的規模でさらに推進している。

世界金融危機も収束してはいない。リーマンショック以後も、金融派生商品の投機的取引の市場規模は増加の一途を辿っている。それが世界各地で資産バブル現象を引き起こし、リーマンショックに続く第二、第三の世界金融危機への引き金となる恐れが高まっている。日本の個人の金融資産残高は二〇〇八年時点の一五〇〇兆円から二〇一六年の一八〇〇兆円へと増大した。この個人の金融資産残高の伸びは、労働者の賃金が伸び悩む中で、株式、投資信託、不動産などの取引を通して不労所得を獲得する富裕層が着実に富を蓄えていることを示している。

トマ・ピケティは、二一世紀初頭の現在、資産保有者がみずからの保有する資産を株式取引、土地売買、タックス・ヘイヴンなどによって増殖する比率(資本収益率)が国民所得の成長率を大幅に上回っていることを統計データによって裏付け、現代の資本主義が不労所得社会であり、グローバルな相続財産社会であることを暴き出した。かつて一九三〇年代に、ジョン・メイナード・ケインズは、「金利生活者の安楽死」を政策課題とし、一〇〇年後の孫たちが貨幣欲望にとりつかれた暮らしから解き放たれて真に豊かな生を享受するようになるであろう、と期待した。だが、そのケインズの孫たちの時代（二〇三〇年）が目前に迫っている現在、ケインズが期待した方向とは真逆に、ひとびとは生を享受するどころか、貨幣欲望にますます深く呪われ、資本収益率の上昇に向けて全力疾走している。

こうしてグローバリゼーションの破局的危機は、いまやその反動を呼び起こすに到った。経済危機の進行にともなう貧困と飢餓のグローバル化は、難民、移民の流れを激化させた。そして、貧困と飢餓の流入を押しとどめようとして、世界各地で国境の壁を築こうとする動きが加速している。イギリスがEUから離脱し、ヨーロッパ各地で移民・難民を排斥する極右政党が支持を得ている。米国でも、自由貿易を破棄し移民を閉め出して国境に高い壁を築こうと唱える政治家が大統領の座に就いた。ひとびとは「グローバリズムの終焉」、「ポスト・グローバリゼーション」を叫び、市場のグローバル競争を推進するよりも、国家への回帰を求めるようになった。一九九〇年代に国境の壁をとりはらったはずのグローバリゼーションが、いまやその逆にその壁を築こうとする動きを強めている。

だが国家に回帰することによって、国家を超えてあふれでる市場と貨幣の暴力を制御することができるのだろうか。国家への回帰は、国家間の緊張や国民間の憎悪を刺激し、戦争やテロリズムの引き金となるリスクを高めている。国家へと退行する動きは、グローバリゼーションがもたらした破局的危機を克服するどころか、その危機を国家間の対立、移民の排撃と抑圧、人権侵害といったかたちで深化させるだけである。国家への退行現象は、ひとびとがグローバリゼーションの破局を目の当たりにして上げる恐怖の叫びとも言える。それは沈み行くタイタニック号の船体にしがみつく行為に等しい。

資本主義がはらむ破局的危機を、わたしたちはこの国で二〇一一年に経験した。福島第一原子力発電所の炉心溶融事故である。この事故は、原子力産業が市場システムによって制御することのできない破局的な危機を内包するものであることを衆目にさらした。ウランの核分裂を利用して電力を生産する産業活動は、ひとたび炉心溶融事故を引き起こすと、世界にとりかえしのつかない状態をもたらす。放射能汚染は現在のひとびとの生活と生存を不可能にするだけでなく、将来の世代の人間や動植物の生命を、そして自然の再生を不可能にする。

科学技術は、設定した目的（原子力の核分裂による電力の生産）を実現することはできても、その実現がもたらす副次的効果を制御する能力をもたない。科学技術がいかに進歩しても、炉心溶融事故によって大気中に拡散した放射性物質を消去することはできない。

経済学の言説は、この核分裂の技術がはらむ副次的効果を「市場の外部効果」とみなし、その被害を「社会的費用」として計算し処理しようとした。原発事故にともなう社会的費用を内部化し負担しようとするこころみである。だがこの処理方法は不可能になりつつある。加藤典洋『人類が永遠に続くのではないとしたら』（新潮社、二〇一四年）は、原発の損害賠償保険を引き受けてきた損害保険会社グループが福島原発の重大事故以後、原発のリスクがあまりにも巨額に上ったため保険を引き受けることができず、保険契約を更新しないと東京電力に伝えたという新聞記事をとりあげて、産業社会が未来に向けて約束していた無限の可能性が断ち切られたことに着目している。

この破局的危機は、地震・津波のような自然災害でも、隕石が地球に衝突するといった被害でもない。それは科学技術と産業活動に起因するリスクの発現である。自然を破壊しひとびとの暮らしと生存そのものを不可能にするこのような重大事故の後で、なおも原発を再稼働しようとする動きが進められている。本年九月の時点で、福島事故後すでに五基の原発の稼働が容認されている。人類の生存を不可能にする重大事故のあとで、なおもその破局のリスクに身をさらし続けようとするこの衝動は、いったいどこから発しているのだろうか。

さらに重要なことは、資本主義が破局的危機の生産を望み、かつ必要としている、ということである。資本主義は破局的危機を人為的に創出して社会の混乱状態を生み出し、それを経済成長の契機にしようとする。ナオミ・クライン『ショック・ドクトリン』（幾島幸子・村上由見子訳、岩波書店、二〇一一年）が暴き出したように、新自由主義の資本主義は、クーデタ、社会危機、戦争を仕掛け、あるいは地震・津波などの災害を利用して、社会を白紙状態に還元し、そこにビジネスチャンスを創出するという破局的暴力を行使してきた。このような「災害便乗型資本主義」は、企業と政府が提携してこのビジネスチャンスを創出するための法的・政策的な整備を推進する。それは「新しいコーポラティズム」（ナオミ・クライン）と命名されている。そもそも「新しいコーポラティズム」とは、戦前のファシズムを生み出した国家コーポラティズムと区別して、第二次大戦後に出現した組織資本主義の謂いであった。需要と供給を市場の価格変動によって自動調整する資本主義ではなく、需要と供給を諸種の制度（労使間の団体交渉、金融通貨制度、労働基準法、最低賃金制度、福祉国家、国際通貨体制）によって事前に調整する組織された資本主義が「新しいコーポラティズム」と呼ばれていたのである。ところが、この新手の「新しいコーポラティズム」は、その逆に組織資本主義の諸種の制度を解体し、規制を緩和することによって、市場の競争活力を無放縦に解き放ち、そのエネルギーによって成長を刺激しようとする。こうして、破局と暴力を内蔵する資本主義が政治的に組織されることになる。

2　資本主義と死の欲動

人類と地球の破局的な危機をみずからの手で招き、その危機におののき悲鳴を上げながら、なおもその危機に向かって突進しようとするこの衝動を、いったいどのようにして自己了解したらよいのだろうか。

本書の著者たちがその自己了解のためにてがかりとするのが、フロイトの「死の欲動」という概念装置である。

フロイトは不快を避け快を求める「生の欲動」にもとづいて精神分析を進めていたが、それでは説明のつかない精神病理現象に直面し、晩年になって「死の欲動」の概念を提唱するようになる。「死の欲動（タナトス）」とは、生を昂進し生を追求する欲動（エロス）とは対極に、生が出現する以前の状態に、つまり生命なき状態に立ち戻ろうとする欲動である。人間には、「生命実体を保存しこれを次第に大きな単位へと統合しようとする欲動のほかに、それと対立して、これらの単位を溶解させ原初の無機的状態に連れ戻そうと努めるもうひとつ別の欲動が存在するに違いない」(「文化の中の居心地悪さ」『フロイト全集 20』邦訳一三〇頁)。

フロイトは、この二つの欲動の対抗関係を通して精神病理現象をより深く解明することができると考えた。

この二つの欲動が一緒に作用したり互いに対立して作用したりすることから、生命の様々な現象が説明できる。(同、邦訳一三〇頁)

この自己の内部における原初の無機的状態へと向かう欲動が外部に向かうとき、それは他者や自然に対する攻撃的行動となる。それゆえ、「人間には生まれつき『悪』への性向、攻撃と破壊に向かう、それゆえまた残酷性に向かう性向が備わっている」(同、邦訳一三三頁)。やっかいなことは、この攻撃傾向が「生の欲動」を通して蓄えられ発動される、ということである。サディズムとは、「生の欲動」にはらまれる他者への攻撃傾向であり、マゾヒズムとは、「生の欲動」にはらまれる自己への内なる攻撃傾向を表わしている。「死の欲動」は「生の欲動」のうちに住まい、「生の欲動」とともに膨張していく。エロスはそのタナトスを支配し利用しみずからに従属させようとする。だが、このエロスの発展過程は同時に、タナトスを先送りし迂回させる過程にもなる。この回路を通して、タナトスはかぎりなく自己を増殖させ、巨大な暴発力を秘めたものへと成長していく。

「生の欲動」と「死の欲動」とのこの非和解的な対立を調整するのが文化である。文化は「生の欲動」を社会の秩序に向けて導き、死の攻撃的欲動を抑止しようとする。だが文化は死の欲動が増殖する回路にもなる。それゆえ、文化はエロスとタナトスのあやうい均衡の上に成り立つ。

人間による自己の内外への攻撃欲動を文化によってどの程度抑制することができるのか、これが人類の運命を決する、とフロイトは言う。それはなぜか。人間の攻撃欲動の威力は、いまや人類の絶滅を可能にする規模にまで達しているからである。フロイトは二つの世界大戦の戦間期にこの文章を書いており、この時期にすでに大量殺傷兵器や集団虐殺は進展していた。だが、二一世紀初頭の現在では、それをはるかに上回る強力なテクノロジーが生み出されている。フロイトが知らなかった核戦争、地球の温暖化の脅威、遺伝子工学の脅威によって、いまでは人間の攻撃欲動の恐るべき威力をほとんどのひとが熟知している。

フロイトは「生の欲動」が死の攻撃的欲動を抑制することを期待していたが、同時に、二度目の世界大戦を控えみずからの死を迎えつつあった時期になると、この期待に疑念を抱くようになる。

「天上の力」のもう一方、永遠のエロースには、ひとつ奮起して意地を見せてくれること

を期待しようではないか。だが、その成否や結末はいったい誰に予見できよう。（同、邦訳一六二頁）

［日本語版『フロイト全集20』の訳注には、「だが、その成否……」という最後の一文が「一九三一年に付け加えられた。すでにヒトラーの脅威が明らかになりつつあった時代である」（邦訳三一二頁）と記されている。］

本書の著者たちが着目するのは、フロイトのこの疑念である。グローバリゼーションがもたらす破局的暴力を前にして、フロイトの疑念はいっそう切実なものになっているのではないか、著者たちはこう問いかける。

本書は、フロイトが文化のうちに見て取った「生の欲動」と「死の欲動」との緊張関係を経済活動のうちに読み込もうとする。したがって、生産、消費、貯蓄、蓄積といった各種の経済活動がこの二つの欲動の緊張関係において定位し直される。生産活動、さらには資本の蓄積活動は、目の前の直接的消費を断念し、快を引き延ばし、それを将来に迂回させることである。生産手段の生産は直接の快の享受を断念し、迂回させて、将来により多くの快を得るための廻り道の行為である。経済活動はそのようにして技術革新と生産性の上昇を目ざし、この迂回路を拡大させていく。だが、この迂回路は、同時に「死の欲動」を増幅させる回路にもなる。それは、ひとびとの憎悪や怨恨や模倣欲望や相互の不平等を累積し波及させる回路にもなる。投資の活動は、直接的消費を断念して将来より多くの消費を可能にするための活動であるが、この活動が同時に、「より多くの将来の破壊のために現在の破壊を延期すること」であり、「もっと後になってより巨大な力でもって死の欲動を表現するために、今日における死の欲動を制限することなのである」（本書四六―四七頁）。

文化も、経済活動も、「生の欲動」を制御可能なものにし、増幅させる過程（フロイトはこれを「現実原理」と呼ぶ）でありながら、その過程が同時に自然と人間に対する破壊的な暴力を蓄えていく過程となる。この視点からすると、新自由主義の規制緩和の動きは、市場競争のエネルギーを無放縦に活性化することによって、「死の欲動」を内部に深くため込み、内部に蓄えたその力を暴発させるリスクをたえず高めていく過程となる。前節で見た市場のグローバリゼーションが発動する諸種の危機的現象は、ほかならぬこの「死の欲動」が暴発したすがたではないのか、本書はそう問いかける。

フロイトが洞察した二〇世紀における二つの世界戦争において暴発した「死の欲動」のエネルギーが、二一世紀初頭の今日、戦争とテロリズム、原子力発電事故、地球環境危機となって再現前している。

フロイトの「生の欲動」と「死の欲動」、エロスとタナトスに立脚した精神分析による資本主義批判は、マルクーゼ、ブラウン、フロム、ライヒなどによってほぼ半世紀前にすでに論じられてきた。だが、これらの論者たちは、われわれが眼前にしているグローバリゼーションの動態的な進展を見ることはなかった。それゆえ、資本主義の精神的抑圧と神経症に手厳しい批判を浴びせながらも、かれらは資本主義の長期的将来について比較的楽観的であった。だが、現在の資本主義が直面している事態は、ほかならぬ「死の欲動」の暴発によって人類と地球が死へと向かう動きそのものではないのか、著者たちはこう警告する。

半世紀前に資本主義と精神分析について論じられた時代は、第二次大戦後の三〇年近くにわたって続いたフォード主義的蓄積体制と呼ばれる資本主義の「黄金期」であった。このような時代的背景は、マルクーゼやブラウンらの楽観論とおそらく無縁ではなかろう。かれらは「アメリカン・ドリーム」や「黄金の三〇年」の成長における豊かさの欺瞞性を告発したが、その豊かさが人類を死に追いやるという切迫した危機意識は希薄であった。だからその偽の豊かさに対して、快原理にもとづくエロスの世界をユートピアとして提示すればよかった。

ところが今日われわれが直面しているのは、「死の欲動」を経済成長および技術革新によって転移させ生き延びてきた資本主義が「生の欲動」による「死の欲動」の制御能力を喪失して破局を迎える、という事態である。「生の欲動」のなかに潜み「生の欲動」によって操られていたかのように思われた「死の欲動」が、「生の欲動」を圧倒してその破壊力をみせつけつつある。資本の蓄積過程とは、「生の欲動」によって迂回させられた「死の欲動」が密かに「生の欲動」を逆に操り、やがてそのエネルギーを暴発させる回路であったことが露呈する時代にわれわれは直面しているのである。このようにして、著者たちはフロイトの「死の欲動」の切迫した暴発の危機に警鐘を鳴らす。

3　糞便と貨幣――肛門性愛と「死の欲動」

フロイトは、「死の欲動」に突き動かされた「生の欲動」の運動を、人間の肛門と排泄物に対する執着という性癖に見て取る。

フロイトは、幼児期における肛門性愛について論ずるなかで、肛門から排出される排泄物が幼児にとって有する多義的な象徴的意味に着目する。腸を通って体外に排出される糞便は、幼児にとって自分の子どもという創造的な意味を、他者への贈り物という他者への愛の意味を、自分にとっての財産という他者からの独立という意味を、さらには他者を攻撃する武器としての意味をはらむ。糞便は金銭、贈り物、子ども、ペニス、武器と結びついた多義的な象徴性を帯びている。生まれてくる赤ん坊は、腸を通って大便と同じようにして体から分離されるものとして表象される。大便は赤ん坊が愛する両親に捧げる最初の贈り物であり、赤ん坊の一部とみなされる。大腸をくぐって出てくる棒状の糞便はペニスと同一視される。糞便に対する関心は、贈り物に対する関心へと移り、やがて金銭に対する関心へと移行する。

排泄物に対するこの性癖は、成人になると消え去るが、その性癖は「吝嗇、節欲、強情」といった性格となって昇華される。そしてこの昇華された性格を通して、幼児期における性癖に潜む人間の無意識の欲動が保持されるのである。

フロイトのこの肛門性愛論に着目したノーマン・ブラウン『エロスとタナトス』（一九五九年）

は、肛門および排泄物と「生の欲動」および「死の欲動」との関連をつぎのように解き明かす。なぜ、ひとは排泄物のような不潔な汚物に対する性癖を有するのか。それは死すべき肉体から排出される排泄物のうちに、不死の生命力を求めようとする欲動から生じている。この性癖は「肉体を否定してそれを超越しようとする人間自身の傾向」（ブラウン、邦訳二九九頁）に起因しており、そこでは排泄物が「肉体の死んだ生命」（同頁）とみなされ、その排泄物を魔術によって浄化し不滅の生命を取り戻したいという「排泄的魔術」（同、邦訳三〇三頁）の欲動が潜んでいる。その無意識の欲動が肛門と排泄物に対する執着となって発現するのだ、と。

ノーマン・ブラウンは、一八世紀のヨーロッパで人間や動物の排泄物の蒸留が「無数の花の水」（同、邦訳三〇三頁）として売られていたというエピソードを紹介する。動物には天性の清潔愛が見られるのに、なぜ人間に不潔や汚物に対する固着が見られるのか、それは排泄物を浄化することによって死を避けられない肉体から脱して、永遠の生命を獲得したいという無意識の願望にある。

ブラウンは、古代の贈与経済の世界においても、死を回避し永遠の肉体的生命を求めようとする願望のゆえに、葬儀において汚物が連想され、「糞尿の堆積の中を転がりまわり……身体に汚物をなすりつけ」るという慣習を紹介する。そして同じようにして、「我々は黒い服を着るのである」（ブラウン、邦訳三〇四頁）、と。ブラウンはさらに人類学者がとりあげたセリ・インディアンの「糞便常食の習慣」（同、邦訳三〇四頁）を紹介している。つまり、排泄物に対する性癖は、死を回避しようとする人間の無意識の欲動がもたらす抑圧神経症の症状にほかならない。そこには、人間の肉体を排泄物へと転化しこの転化によって肉体から解脱して不滅の生命を手に入れようとする欲動を、さらには地上の世界を「一つの宇宙的昇華の巨大な濾過器」(同、邦訳三〇〇頁)に仕立て上げ、天上の世界へと脱出しようとする願望を見ることができる。

死を回避し排泄物のうちに不滅の生命力を託そうとするこの願望は、「生の欲動」を抑圧し、「死の欲動」へとみずからを追い込むことになる。

> 死を受容しえないということは、死が、あらゆる正常な動物にとって生であると同時に死でもあるという現実から、皮肉にも人類を不可避的に追放してしまい、結果として生の否定(抑圧)となる。(ブラウン、邦訳二八八―二八九頁)

そして、この肛門と排泄物に執着する「死の欲動」が、呪われた貨幣欲望を引き起こす。貨幣それ自体はなにかの役に立つものではなく、その意味で無価値なものである。その無価値なものを、なぜひとは最高の価値あるものとしてひたすら追い求めるのであろうか。

この問いを、排泄物という無価値なものから最高の価値あるものとしての貨幣が生まれるという逆説においてとらえたのがフロイトである。

フロイトは、古代からひとびとの日常意識において貨幣が排泄物と結びつけられて思考されてきたことに着目する。

古代の思考様式が支配的であったいたるところにおいて、……神話、おとぎ話、迷信において、無意識の思考において、夢において、神経症において、貨幣は、糞ともっとも親密な関係に置かれている。

（「性格と肛門性愛」『フロイト全集9』邦訳二八四頁、本訳書七七―七八頁に引用）

フロイトも取り上げているように、一三―一四世紀のゴシック建築の柱や壁にはおしりの穴からドゥカート金貨をひり出す『小人』の像が彫られていた（阿部謹也『中世の窓から』（朝日新聞社、一九八一年）でも、この話は紹介されている）。金の卵を産む鶏や金貨をひり出すロバといった民話も登場する。

なぜ貨幣は排泄物と結びつけられて思考されてきたのであろうか。人間の肉体から排出される排泄物に魔術によって永遠の生命を付与したいという願望が、貨幣欲望へと昇華され、肛門からひり出される金貨が価値を増殖していく過程へと転移させられるからである。幼児期において、幼児は糞便を贈り物や子どもと結びつけて表象しても、金銭に対する欲望はもたない。だが、幼児の肛門性愛が成人になって「吝嗇、節欲、強情」といった性格へと昇華されるように、排泄物にこめられた不滅の生命力が貨幣の増殖力へと昇華される。フロイトは、大人の貨幣欲望を、幼児の肛門性愛における排泄物への執着の昇華された姿としてとらえる。肉体から排出される糞便が永遠の生命を獲得する過程と、肛門からひり出される金銭がたえず価値を増殖していく過程が重ね合わされるのだ。

肉体の中にある生命が物の上に投影されればされるほど、肉体の中の生命の影は薄くなる。そして増大する物の蓄積は肉体の中の失われた生命を示す、より完全な目盛りである。

（ブラウン、同、邦訳三〇一頁）

フロイトが肛門性愛と貨幣欲望の根底にみる無意識が「死の欲動」である。貨幣をかぎりなく増やすことに生のすべてを注ぐ生き方は、生命活動が肉体から排泄物へと昇華されることを意味する。肉体から放出された排泄物が生命力を得て自己運動するように、肉体から排出された貨幣が生命力を得て自己運動を遂げる。この不朽の生命を求める欲動は、生命活動を無機物に解消し、「生の欲動」を「死の欲動」へと還元する。無機物たる貨幣の自己増殖に生の永遠性を求める欲動は、快原理にもとづく生の充足をたえず先送りし迂回させる。この生の先送りと迂回を通して「死の欲動」が増殖し、それが破壊的な攻撃へと転ずるのである。

4　貨幣欲望の批判——ケインズの貨幣認識

それゆえ、貨幣欲望には、無機物へと回帰しようとする「死の欲動」が内包されている。経済学において、この「死の欲動」をはらんだものとしての貨幣という認識を提示したのが、ジョン・メイナード・ケインズであった。ケインズは「呪うべき黄金欲」（一九三〇年九月、『説得論

集　ケインズ全集9』宮崎義一訳、東洋経済新報社）において、金が価値保蔵の手段として最終的に勝利を収め金本位制度がうちたてられることになった根拠を、フロイトの言説に求めている。

フロイト博士は、われわれの潜在意識の奥深くに、金がとくに強い本能を満たし、象徴として役立っている固有の理由がひそんでいると述べている。大昔にエジプトの聖職者たちが政略のためにこの黄色い金属に吹きこんだ魔性を、金はずっと一貫して少しも失わずにきた。（邦訳一九二頁）

経済学において、貨幣は商品交換を仲立ちする道具として捉えられている。だが、貨幣にはそれ以上のものが、ひとびとの欲望や恐怖がまとわりついている。ひとびとは貨幣を、生を享受する道具として利用するのではなく、貨幣それ自体を富とみなして貨幣の獲得を自己目的として生きている。この生き方によって、ひとびとは生の享受を否定し、その実現を未来へと先送りする。この貨幣の際限なき増殖欲望が近代の時間概念を支配する。ケインズは「わが孫たちの経済的可能性」において、貨幣を自己目的とする生き方が、現在の時間をつねに未来へと先送りし、現在における生の享受を永遠の未来に葬り去る、と言う。

利子をつけて金を貸す者は「自分たちの行為の遠い将来の結果に関心」を抱く。だが、そのような関心は、「自分の行為にたいする自分の関心を将来に押し広げることによって、自分の行為にたいして見せかけだけでごまかしの不朽性を手に入れよう」（同、邦訳三九七頁）とすることにほかならない。この「ごまかしの不朽性」によって、ひとは不死の幻想を生きることになり、現在の生の享受（エロス）を放棄する。

「資本主義の力学は、〝常に延期されている未来〟に到る快楽の延期」（ブラウン、邦訳二七八頁）なのである。それは生の享受を否定して死を密かに招き寄せることを意味する。

貨幣欲望が「死の欲動」をはらんでいることを端的に示すために、ケインズはミダス王の説話を好んだ。ミダスは神からすべてのものを黄金に変換する能力を授かった。だがその能力を手に入れることによって、ミダス王は自分が触れるものすべてが黄金に変わってしまうことに気づいて愕然とする。最愛の娘が、乾きや飢えを癒す飲み物や飲料水が、黄金という無機物に変質する。黄金欲望の呪いにとりつかれるとき、ひとは生のすべてを失い、死の破局を迎えることになる。

ケインズにとって、貨幣を自己目的とする到富衝動は、「死の欲動」にとらわれ生の享受を否定して生きる精神病理的症状であり、私益のために社会を破壊する犯罪的な行為であった。

さらに、この貨幣の自己増殖に奔走するひとびとは、個体性を失って集団感染する模倣欲望にとらわれた存在となる。ケインズは、株式市場におけるひとびとの行動様式を美人コンテストの投票行動の事例を引き合いに出して巧みに説明する。株式市場では、ひとびとは自己の理性的判断に依拠して行動するのではなく、他者の判断を見抜こうとするゲームに参加する。そして集団における平均的な判断を見抜いた者がゲームに勝利する。

ケインズよりも早く、フロイトはこのような群衆行動の心理を洞察していた。フロイトによれば、群衆は多数者の判断に自己を合わせる性向をもっており、その判断がかぎりなく感染していく傾向をもつ。将来がまったく不確実ななかで不安と死を避けようとする群衆は、もっとも平均的な世論を参照し、他者の欲望を模倣する。その模倣はかぎりなく感染し、群衆を特定の方向に導く。模倣だけが不安と死から逃れるための唯一の光だからである。

ケインズはフロイトのこの群集心理の分析を、株式市場の集団心理の分析に援用した。株式市場とは、正統派経済学が唱えるように、理性的個人が自己の欲求を最大化するようにして合理的判断を下す場ではなく、模倣欲望が感染する場である、要するに、フロイトも、ケインズも、ルネ・ジラールが人間の欲望のうちに洞察した模倣欲望の論理を先取りして提示していたことがわかる。

この模倣欲望から脱してひとびとが個体性を獲得するためには、なかば精神病理的でなかば犯罪的な貨幣欲望を克服する必要がある。模倣欲望から解放されたひとは、「明日のことなど少しも気にかけない人」であり、「この時間、この一日の高潔で上手な過ごし方を教示してくれる人」である。それは生活のために「物事のなかに直接のよろこびを見いだすことができる人、汗して働くことも紡ぐこともしない野の百合のような人」(邦訳三九九頁)だ、とケインズは言う。貨幣欲望に呪われた株式市場の人間ではなく「野の百合」こそ個体性をはらんだ存在なのだというケインズの主張は、フロイトの欲動論を踏まえたものだということがわかる。

だが、ケインズは貨幣欲望を病理的で犯罪的な現象だと厳しく非難し、貨幣欲望にとりつかれた金利生活者を安楽死させ、貨幣欲望から解放された世界を望んだにもかかわらず、貨幣欲望が社会の富の増進にとって欠かすことのできないものだと主張し、貨幣欲望をいわば利用して貧困を克服し人類の自由を実現する道を構想していた。ケインズは、フロイトと同様に、「死の欲動」のエネルギーを利用することによって「生の欲動」を昂進する道を探ろうとしたのである。その意味で、われわれはケインズの経済理論と経済政策のうちにフロイトの欲動論の経済学的展開を読み取ることができる。

ケインズにとって、貨幣欲望は資本蓄積を推進するための重要な原動力であった。貨幣欲望は極端な不平等をもたらすが、同時にそれは資本蓄積を推進することによって、社会全体の富の増進に貢献する。『平和の経済的帰結』(一九一九年)においてケインズはこう語る。一九世紀の資本主義においては、分配の不平等が顕著で富が富者に集中したが、この富の不平等な分配と集中こそが資本の蓄積を可能にしたのだ、と。というのも、富を手にした富者は、その富を自分の享楽のために消費するのではなく蓄積に振り向けたからである。もし分配が平等に行われていたならば、すべてのひとびとが富を消費に振り向けてしまい、固定資本の蓄積などは起こらなかった。富者にパイの多くが分配されそのパイを富者が享楽ではなく投資に振り向けることによって、はじめて資本蓄積は推進される。この蓄積によって、富の不平等な分配は「社会全体の利益」(邦訳一四頁)へとつながる。

富者がパイを消費ではなく、投資に振り向ける動機は何か。より多くの貨幣を獲得するためである。直接の快楽を求めて消費するのを禁欲して、その快楽を迂回させ引き延ばして、投資に振り向ける。より多くの貨幣を求める貨幣欲望は、より多くの生産を求める産業資本の投資活動に内面化される。マルクスの語るように、産業資本家とは合理的な貨幣蓄蔵者なのだ。

この貯蓄を美徳とし成長を推進する宗教倫理を提供したのがピューリタニズムであった。ピューリタンは節欲と勤勉を倫理として現世を生き、その代償として来世における神の救済を得る。

つまり、ピューリタニズムは貨幣欲望(「死の欲動」)を内面化する倫理である。ピューリタンは、生の享楽をつねに未来へと先送りし、墓場での神による救済を信じて生きる合理的な貨幣蓄蔵者である。ケインズはピューリタニズムに支配されたヴィクトリア朝道徳を激しく批判したが、この倫理を活力とする資本蓄積によって成長を推進することこそが、未来において「生の欲動」を実現する道なのだ、と説く。それは貨幣欲望というタナトスを駆動力とした成長の追求によって、生存のための経済からの人間の解放を達成しようとする道であった。

資本蓄積と技術革新によって生産性の上昇が続くならば、「進歩的な諸国における生活水準は、今後一〇〇年間に現在の四倍ないし八倍の高さに達する」(「わが孫たちの経済的可能性」邦訳三九二頁)。そうすれば、ひとびとは経済的な必要に迫られて労働する時間が短縮され、生を享受するという人間の「真に恒久的な問題」(同、邦訳三九五頁)に取り組むことができるようになるであろう。


もしケーキが、切り分けられず、……幾何級数的な比率で成長していくことが許されさえすれば、恐らく、遂にはみんなに行きわたるほど十分になり、子孫がわれわれの労働を享受しうるようになる日が到来するに違いない。

（『平和の経済的帰結』邦訳一五頁）

ケインズは貨幣欲望が「死の欲動」であることを熟知しながら、この「死の欲動」を駆動力とした経済成長の推進によって「死の欲動」を制御し、その成長の成果を生の享受＝エロスにつなげようと考えたのだった。

＊　＊　＊

ケインズが一〇〇年後の孫たちに託したこの希望は、はたして満たされることになるのであろうか。今日進展するグローバリゼーションの破局的危機がその答えである。それは、明らかにケインズの希望を裏切っている。貨幣欲望というタナトスの力を制御し利用してエロスの解放をめざそうとしたケインズの思惑は外れ、その逆に、タナトスのほうがエロスを利用して猛威を振るいエロスを滅ぼしつつある。ケインズが安楽死させようとした金利生活者は、死滅するどころか、金融派生商品の投機的取引、不動産取引を通して世界中にはびこり、産業資本家による産業利潤を遥かに上回る巨額のレントを手にしている。グローバリゼーションと世界金融危機は、ひとびとに経済的必要性から解放された生の享受をもたらすどころか、ひとびとを貧困と暴力の渦に巻き込み、ひとびとの人間関係をずたずたに切り裂いている。

フロイトの危惧がいまほど切実になったときはない——著者たちはそう言う。「死の欲動」に突き動かされた攻撃的暴力が「生の欲動」を圧倒して噴出する資本主義の破局的危機にどう向き合うべきか。人類は資本主義と手を切ることができるのかどうか。それは人類と地球の存亡がかかる重大な問いである。

参照文献

斉藤日出治「世界の終わりと経済学」『象』87号、グループ・象 発行、二〇一七年三月
「ケインズの自家撞着」『象』88号、グループ・象 発行、二〇一七年七月

注—本解説で言及したフロイト、ケインズ、ブラウンの諸著作については、すべて本訳書の参考文献リストに収められているので、そちらを参照願いたい。

訳者あとがき

本書は、Dostaler G./Maris B., *Capitalisme et pulsion de mort*, Albin Michel, 2009 の全訳である。本書は、二一世紀資本主義が抱えている破局的な危機の実相を、フロイトの「死の欲動」という概念装置を通して読み解こうとする。そこには、資本主義が人類と地球に破滅をもたらすほどの危機を招いているという認識と、その破局的危機の根底に人間の無意識の欲動（「死の欲動」）が作動しているという独自の考察が語り出されている。

本書の魅力は、精神分析のフロイトと経済学のケインズをフランス独自の思想的土壌において節合し、現代世界の危機認識の理論として再創造しようとするところにある。ルネ・ジラールの模倣欲望論、ジョルジュ・バタイユの蕩尽論、コンヴァンシオン理論やレギュラシオン理論といった経済学説などが、フロイトとケインズの学説を節合するうえで重要な媒介装置として作用している。

補論の「ブルームズベリーと精神分析」は、短文であるが、フロイトの精神分析が、ケインズをはじめとするイギリスのブルームズベリー・グループの思索にあたえた奥深い影響力が端的に語り出されると同時に、ヴィクトリア朝道徳と対決したこの集団の思考が、集団内部の人間関係のありかたもふくめて鮮明に描かれている。

英語圏・仏語圏では、経済思想、経済学説研究の分野で、フロイトとケインズとの関連を問う研究が本書以外にも散見される。しかし、わが国では、経済学を精神分析とつなげる研究はほとんど未開拓であり、経済学研究者のフロイトに対する関心はきわめて薄い。本書の翻訳がこのような新しい研究の領野を切り開く契機となればうれしい。

また本書は、狭義の経済学、哲学、精神分析の領域を超えて、現代世界の危機の根源を解読しようとこころみる読者にとって、貴重な思索の素材を提供している。

＊　＊　＊

本書は、序論（三一—三二頁）でも著者自身が紹介しているように、フロイトとケインズについての理解を深く共有するふたり著者の出会いから生まれた。

ジル・ドスタレール氏は、カナダ・フランス語圏の経済学者で、経済思想史を専攻する。長期にわたってカナダのモントリオール大学で教鞭を執った。古典派および新古典派経済学を批判しつつ、マルクス、ハイエク、ケインズの思想史研究に取り組んだ。『ケインズの闘い』（藤原書店）では、ケインズ主義として知られる定型化されたケインズ像を超えた人間ケインズの全体像を浮かび上がらせる伝記を著した。経済学者にとどまらず、論理学者、芸術家、批評家、政治評論家、書籍収集家、心理学者、投機家としての多彩な才能をはらんだケインズが詳細に描かれている。

本訳書をのぞく主な著作としては、以下のものがある。

Valeur et prix: histoire d'un débat〔価値と価格——論争史〕, Paris, François Maspero; Montréal, Presses de l'Université du Québec; Grenoble, Presses Universitaires de Grenoble, 1978.

Marx, la valeur et l'économie politique〔マルクス——価値と政治経済学〕, Anthropos, 1978.

avec Gilles Bourque, Socialisme et indépendance〔社会主義と独立〕, Boréal Express, 1980.

éditeur de *La crise économique et sa gestion*〔経済危機とその管理〕, Boréal Express, 1982.

éditeur, avec Diane Éthier, de *Friedrich Hayek: philosophie, économie et politique*〔フリードリッヒ・ハイエク——哲学、経済学、政治学〕, Économica, 1989.

avec Michel Beaud, *La pensée économique depuis Keynes: historique, dictionnaire des principaux auteurs*〔ケインズ以後の経済思想——主要な経済学者たちの経歴と事典〕, Routledge, 1997.

Le libéralisme de Hayek〔ハイエクの自由主義〕, La Découverte, 2001.

Keynes et ses combats, Albin Michel, 2005.〔『ケインズの闘い』鍋島直樹・小峯敦監訳、藤原書店、二〇〇八年〕

ベルナール・マリス氏は、トゥルーズ大学の経済学者であり、かつ論争家としての才能を備えたジャーナリストでもあった。『マリアンヌ』、『ヌーヴェル・オプセルヴァトゥール』、『フィガロ』、『ル・モンド』、『シャルリー・エブド』といった新聞・雑誌に精力的に記事を執筆した。ラジオでの経済批評や時事問題の討論の仕事にも携わった。また、ＡＴＴＡＣ

の反グローバリゼーションの運動に早くから関わり、市議会選挙にも緑の党から立候補するなど、政治活動にも積極的にかかわった。また、『シャルリー・エブド』の株主でもあった。そして、二〇一五年一月七日の同社への襲撃事件で射殺された。本訳書が提示した「死の欲動」の概念をみずからの死をもって証すかのような没し方であった。

本訳書をのぞく、主要な経済学の著作としては以下のものがある。

Éléments de politique économique: l'expérience française de 1945 à 1984〔政治経済学要綱——一九四五—一九八四年のフランスの経験〕, Privat, 1985.

Maris, Bernard; Labarde, Philippe. *Ah Dieu! Que la guerre économique est jolie!*〔おお神よ、経済戦争はなんと美しいことか！〕, Albin Michel, 1998.

Keynes ou l'économiste citoyen〔ケインズか、市民派経済学者か〕, Presses de Sciences Po, 1999.

avec Philippe Labarde, *La Bourse ou la vie – La grande manipulation des petits actionnaires*〔あなたの株式市場か、それともあなたの人生か、小株主の大技〕, Albin Michel, 2000.

Antimanuel d'économie: Tome 1, les fourmis〔反経済学教科書——働き者のアリ〕, Bréal, 2003.

Antimanuel d'économie: Tome 2, les cigales〔反経済学教科書——のんきな浪費家のセミ〕, Bréal, 2006.

avec Dakhli Leyla, Roger Sue et Georges Vigarello, *Gouverner par la peur*〔恐怖による支配〕, Fayard, 2007.

Marx, ô Marx, pourquoi m'as-tu abandonné?〔マルクス、ああマルクスよ、なぜあなたはわたしを見捨てたのか?〕, Éditions Les Échappés, 2010.

Plaidoyer (impossible) pour les socialistes〔社会主義者のための(不可能な)弁明〕, Albin Michel, 2012.

＊＊＊

本書の翻訳を勧めて下さったのは大学院時代からの研究生活の先輩にあたる山田鋭夫氏である。訳者はこれまで市民社会の概念装置を介してグローバリゼーションを批判的に認識する研究を進めてきて、経済学の諸理論がグローバリゼーションのはらむ破局的危機を洞察する概念装置を欠落させておりその危機認識をみずからの言説から排除している、ということを強く感じてきた。本書は訳者が感じてきたこの課題に正面から切り込んだ大胆なこころみである。本書との出会いの機会をつくっていただいた山田氏に深く感謝申し上げたい。また、フランス経済思想史研究者の大田一廣氏には原稿に目を通していただき、コメントとアドバイスを賜った。感謝申し上げたい。

最後に、藤原書店の刈屋琢氏には丁寧な校正といくつかの貴重なアドバイスをいただいた。記して謝意を表したい。

二〇一七年一〇月

斉藤日出治

WOOLF, Leonard (1960), *Sowing: an Autobiography of the Years 1890 to 1904,* Londres, Hogarth Press.

——(1967), *Downhilll all the Way: an Autobiography of the Years 1919 to* 1939, New York, Harcourt Brace Jovanovich.

WOOLF, Virginia (1975-1980), *The Letters of Virginia Woolf,* Londres, Hogarth Press, 6 vol.

——(1977-1984), *The Diary of Virginia Woolf,* Londres, Hogarth Press, 5 vol.

——(2003), *Congenial Spirits: The Selected Letters of Virginia Woolf,* Londres, Pimlico.

ZARETSKY, Eli (2008), *Le Siècle de Freud: une histoire sociale et culturelle de la psychanalyse,* trad. Pierre-Emmanuel Dauzat, Paris, Albin Michel.

Morningside Haights, New York, King's Crown Press.
SCHORSIŒ, Carl E. (1983), *Vienne fin de siècle,* Paris, Seuil.〔カール・E・ショースキー『世紀末ウィーン』安井琢磨訳、岩波書店、1983 年〕
SCHUR, Max (1975), *La Mort dans la vie de Freud,* Paris, Gallimard.
SIMMEL, Georg (1900), *Philosophie de l'argent,* Paris, PUF, 1987.〔ゲオルク・ジンメル『貨幣の哲学』居安正訳、白水社、1999 年〕
SKIDELSKY, Robert (1992), *John Maynard Keynes,* vol. 2, *The Economist as Saviour:* 1921-1937, Londres, Macmillan.〔ロバート・スキデルスキー『ジョン・メイナード・ケインズ 2』古屋隆訳、東洋経済新報社、1992 年〕
STRACHEY, Lytton (1914), « According ta Freud », in *The Really Interesting Question and Other Papers,* édité par Paul Levy, Londres, Weidenfeld & Nicolson, p. 112-120.
THUREAU-DANGIN, Philippe (1995), *La Concurrence et la mort,* Paris, Syros.
TOCQUEVILLE, Alexis DE (18340), *De la démocratie en Amérique,* II, Paris, Garnier-Flammarion, 1981.〔アレクシス・ドゥ・トクヴィル『アメリカの民主政治』井伊玄太郎訳、講談社学術文庫（全 3 巻）、1987 年〕
VIDERMAN, Serge (1992), *De l'Argent: en psychanalyse et au-delà,* Paris, PUE
WEBER, Max (1904-1905), *L'Éthique protestante et l'esprit du capitalisme,* Paris, Plon, 1964.〔マックス・ウェーバー『プロテスタンティズムの倫理と資本主義の精神』大塚久雄訳、岩波文庫、1962 年〕
WHITEHEAD, Alfred North (1925), *La Science et le monde moderne,* Paris, Vrin, 2006.〔アルフレッド・ノース・ホワイトヘッド『科学と近代世界』『ホワイトヘッド著作集』第 6 巻、上田泰治・村上至孝訳、松籟社、1981 年〕
WINSLOW, E. G. (1986), « Keynes and Freud: psychoanalysis and Keynes's account of the "animal spirits" of capitalism », *Social Research,* vol. 53, n° 4, p. 549-578.
——(1990), « Bloomsbury, Freud, and the vulgar passions », *Social Research,* vol. 57, n° 4, p. 785-819.
——(1992), « Psychonalysis and Keynes's accounr of the psychology of the trade cycle », in Bill Gerrard et John Hillard (éd.), *The Philosophy and Economies of J. M. Keynes,* Aldershot, Hanrs, Edward Elgar, p. 212-230.
——(1995), « Uncertainry and liquidiry-preference », in Sheila Dow et John Hillard (éd.), *Keynes, Knowledge and Uncertainty,* Aldershot, Hanrs, Edward Elgar, p. 221-243.

下、氷上英廣訳、岩波文庫、1967 年〕
——(1887), *Généalogie de la morale,* Paris, Flammarion, 2002.〔『道徳の系譜』木場深定訳、岩波文庫、1940 年〕
ORLÉAN, André (éd.) (1994), *Analyse économique des conventions,* Paris, PUF.
——(1999), *Le Pouvoir de la finance*, Paris, Odile Jacob.〔アンドレ・オルレアン『金融の権力』坂口明義・清水和巳訳、藤原書店、2001 年〕
PARSONS, Wayne (1997), *Keynes and the Quest for a Moral Science: a Study of Economies and Alchemy*, Cheltenham, Edward Elgar.
PHILLIPS, Adam (2005), *La Mort qui fait aimer la vie: Darwin et Freud*, Paris, Payot.
POLANYI, Karl (1944), *La Grande transformation, aux origines économiques et politiques de notre temps*, Paris, Gallimard, 1983.〔カール・ポランニー『大転換——市場社会の形成と崩壊』野口建彦・楢原学訳、東洋経済新報社、2009 年〕
REBEYROL, Antoine (1998), « Psychanalyse et économie politique », in Pierre Kaufmann (éd.), *L'Apport freudien: éléments pour une encyclopédie de la psychanalyse*, Paris, Larousse, p. 683-690.
REISS-SCHIMMEL, Bana (1993), *La Psychanalyse et l'argent*, Paris, Odile Jacob.
RÓHEIM, Géza (1923), « L'argent sacré en Mélanésie », in Borneman (1978), p. 215-231.
RUSKIN, John (1862), *Unto this Last: Four Essays on the First Principles of Political Economy*, Londres, Smith, EIder and Co.; http://www. forget-me. net/Ruskin/.〔ジョン・ラスキン『この最後の者にも　ごまとゆり』飯塚一郎訳、中公クラシックス、2008 年〕
ROUDINESCO, Élisabeth et PLON, Michel (2000), *Dictionnaire de la psychanalyse,* Paris, Fayard.
SAHLINS, Marshall David (1976), *Âge de pierre, âge d'abondance,* Paris, Gallimard.〔マーシャル・サーリンズ『石器時代の経済学』山内昶訳、法政大学出版局、1984 年〕
SARTRE, Jean-Paul (1988), *LIdiot de la famille: Gustave Flaubert de* 1821 *à* 1857, Paris, Gallimard, vol. 1.〔ジャン゠ポール・サルトル『家の馬鹿息子　ギュスターヴ・フローベール論（1821-1857）』第 1 巻、平井啓之ほか訳、人文書院、1983 年〕
SCHNEIDER, Louis (1948), *The Freudian Psychology and Veblen's Social Theory,*

——(2002), *La Pauvreté dans l'abondance,* Paris, Gallimard.
LÉVI-STRAUSS, Claude (2005), *Discours d'acceptation du Prix international Catalunya,* prononcé à l'Académie française, mai; reproduit dans *Le Nouvel Observateur,* 1er-7 mai 2008, p. 11-12.
MARCUSE, Herbert (1955), *Éros et civilisation,* Paris, Minuit, 1963.〔ハーバート・マルクーゼ『エロス的文明』南博訳、紀伊国屋出版、1958 年〕
MARIE, Pierre (2005), *Les Fous d'en face. Lecture de la folie ordinaire,* Paris, Denoël.
MARIS, Bernard (1995), « Les figures du marché et le champ de l'économie des conventions », *Cahiers d'économie politique,* n° 26, p. 183-209.
——(1999), *Keynes ou l'économiste citoyen,* Paris, Presses cl Sciences Po.
——(2006), *Antimanuel d'économie,* 2: *Les Cigales,* Rosnysous-Bois, Bréal.
MARX, Karl (1844), *Manuscrits de* 1844 *(Économie politique & philosophie),* Paris, Éditions sociales, 1972.〔カール・マルクス『経済学・哲学草稿』城塚登・田中吉六訳、岩波文庫、1964 年〕
——(1859), *Contribution à la critique de l'économie politique,* Paris, Éditions sociales, 1972.〔『経済学批判』杉本俊朗訳、大月書店国民文庫、1953 年〕
——(1867), *Le Capital. Critique de l'économie politique,* livre premier: le développement de la production capitaliste, Paris, Éditions Sociales, 1977.〔『資本論』全 9 冊、向坂逸郎訳、岩波文庫、1969-1970 年〕
——(1875), *Critique du programme du Parti ouvrier allemand,* in *Œuvres, Économie,* I, Paris, Gallimard, 1965, p. 1407-1434.〔「マルクス ゴータ綱領批判」望月清司訳、岩波文庫、1975 年〕
MEISEL, Perry et KENDRICK, Walter (1990), *Bloomsbury-Freud: James & Alix Strachey. Correspondance 1924-1925,* Paris, PUF, 1990〔1re édition anglaise, 1985〕.
MINI, Piero V. (1994), *John Maynard Keynes: A Study in the Psychology of Original Work,* Londres, Macmillan.
MORE, Thomas (1516), *L'Utopie,* Paris, Flammarion, 1987.〔トマス・モア『ユートピア』平井正穂訳、岩波文庫、1957 年〕
MORIN, François (2006), *Le Nouveau Mur de l'argent: essai sur la finance globalisée,* Paris, Seuil.
NIETZSCHE, Friedrich (1883-85), *Ainsi parlait Zarathoustra,* Paris, Gallimard, 1971.〔フリードリッヒ・ニーチェ『ツァラトゥストラはかく語りき』上・

119.〔「わが孫たちの経済的可能性」『説得論集　ケインズ全集 9』宮崎義一訳、東洋経済新報社、1981 年所収〕
—— (1930b), « New process », JMK 20, p. 157-165.
——(1931), *Essays in Persuasion,* Londres, Macmillan; version augmentée JMK 9; traduction partielle, *Essais sur la monnaie et l'économie: les cris de Cassandre,* Paris, Payot, 1971.〔『説得論集　ケインズ全集 9』宮崎義一訳、東洋経済新報社、1981 年〕
——(1931a) « The future of the world », *Sunday Express,* 27 septembre; « La fin de l'étalon-or », in 1971, p. 109-115.
——(1932), « Banks and the collapse of money values », *Vanity Fair,* janvier 21-3; « Les effets de l'effondrement des prix sur le système bancaire », in Keynes (1971), p. 69-78.
——(1933), « A monetary theory of production », in G. Clausing (éd.), *Der Stand und die nächste Zukunft der Konjunkturforschung: Festschrift für Arthur Spiethoff,* Munich, Duncker & Humblot, p. 123-125; JMK 13, p. 408-411.
——(1933a), « M. Lloyd George: a fragment », in *Essays in Biography,* Londres, Macmillan, p. 31-41; JMK 10, p. 20-26.
——(1933b), « National self-sufficiency », *New Statesman and Nation,* vol. 6, 8 juillet, 36-7, 15 juillet, 65-7; JMK 21, p. 233-246; « L'aurosuffisance nationale », in Keynes (2002), p. 197-212.
—— (1935), « Future interest rares: Mr J. M. Keynes on the ourlook », discours prononcé le 20 février à la National Mutual Life Assurance Society, *Times,* 21 février; JMK 12, p. 208-216.
——(1936), *The General Theory of Employment, Interest and Money*, Londres, Macmillan; *Théorie générale de l'emploi, de l'intérêt et de la monnaie,* Paris, Payot, 1982.〔『雇用、利子および貨幣の一般理論　ケインズ全集 7』塩野谷祐一訳、中山伊知郎編、東洋経済新報社、1983 年〕
——(1936a), « Art and the State », *Listener,* 26 août; JMK 28, p. 341-349.〔「芸術と国家」『ケインズ全集 21』邦須正彦訳、東洋経済新報社、2015 年〕
——(1937), « The general theory of employment », *Quarterly Journal of Economies,* vol. 51, février, p. 209-223; JMK 14, p. 109-123; in Keynes (2002), p. 239-260.
——(1938), « My early beliefs »; JMK 10, p. 433-450.
——(1971), *Essais sur la monnaie et l'économie,* Paris, Payot.

——(1914), « The prospects of money, November 1914 », *Economie Journal,* vol. 24, décembre, 610-34; JMK 11, p. 299-328.
——(1919), *The Economie Consequences of the Peace,* Londres, Macmillan; JMK 2; *Les Conséquences politiques de la paix,* Paris, Gallimard, 2002.〔『平和の経済的帰結　ケインズ全集 2』早坂忠訳、東洋経済新報社、1977 年〕
——(1921), *A Treatise on Probability,* Londres, Macmillan; JMK8.〔『確率論　ケインズ全集 8』佐藤隆三訳、東洋経済新報社、2010 年〕
——(1923), *A Tract on Monetary Reform,* Londres, Macmillan; JMK 4; *La Réforme monétaire,* Paris, Simon Kra, 1924.〔『貨幣改革論　ケインズ全集 4』中内恒夫訳、東洋経済新報社、1978 年〕
——(1925), *A Short View of Russia,* Londres, Hogarth Press; JMK 9, 253-71; « Un aperçu de la Russie », in Keynes (2002), p. 31-54.〔「ロシア管見」『説得論集　ケインズ全集 9』宮崎義一訳、東洋経済新報社、1981 年〕
——(1925a), « Freudian psycho-analysis », *Nation and Athenæum,* vol. 35, 29 août, p. 643-644; JMK 28, p. 392-393.
——(1926), *The End of Laissez-Faire,* Londres, Hogarth Press; *La Fin du laissez-faire,* in Keynes (2002), p. 55-86.〔「自由放任の終焉」『説得論集　ケインズ全集 9』宮崎義一訳、東洋経済新報社、1981 年〕
——(1926a), « Liberalism and Labour », *Nation and Athenaeum,* vol. 38, 20 février, p. 707-708; JMK 9, p. 307-311.〔「自由主義と労働党」『説得論集　ケインズ全集 9』宮崎義一訳、東洋経済新報社、1981 年〕
——(1927), « Clissold », *Nation and Athenaeum,* vol. 40, 22 janvier, p. 561-562; JMK 9, p. 315-320.〔「クリソルド」『説得論集　ケインズ全集 9』宮崎義一訳、東洋経済新報社、1981 年〕
——(1929), « 1s there enough gold? The League of Nations enquiry », *Nation and Athenaeum,* vol. 44, 19 janvier, p. 545-546; JMK 19, p. 775-780.
——(1930), *A Treatise on Money,* Londres, Macmillan: vol. 1, *The Pure Theory of Money;* vol. 2: *The Applied Theory of Money;* JMK 5 et 6.〔『貨幣論 I 』『ケインズ全集 5』長小泉明・長澤惟恭訳、1979 年、『貨幣論 II 』『ケインズ全集 6』澤惟恭訳、東洋経済新報社、1980 年〕
——(1930a), « Economic possibilities for our grandchildren », *Nation andAthenaeum,* vol. 48, Il et 18 octobre, p. 36-37, 96-98; JMK 9, p. 321-332; « Perspectives économiques pour nos petits-enfants », in Keynes (2002), p. 103-

——(1978), *Des choses cachées depuis la fondation du monde,* Paris, Grasset.〔『世の初めから隠されていること』小池健男訳、法政大学出版局、1984 年〕

——(1999), *Je vois Satan tomber comme l'éclair,* Paris, Grasset.

——(2002), *La Voix méconnue du réel. Une théorie des mythes archaïques et modernes,* Paris, Grasset.

——(2004), *Les Origines de la culture,* Paris, Desclée de Brouwer.〔『文化の起源——人類と十字架』田母神顯二郎訳、新教出版社、2008 年〕

GIRAUDOUX, Jean (1951), *Sodome et Gomorrhe,* Paris, Grasset.

GODBOUT, Jacques T. (2007), *Ce qui circule entre nous: donner, recevoir, rendre,* Paris, Seuil.

GOUX, Jean-Joseph (1973), *Freud, Marx: Économie et symbolique,* Paris, Seuil.

GRAVES, Robert (1955), *The Greek Myths,* Londres, Penguin; Paris, Fayard, 1967.〔ロバート・グレーヴス『ギリシア神話』(新装版) 高杉一郎訳、紀伊國屋書店、1998 年〕

GRUNBERGER, Bela (1971), *Le Narcissisme: essai de psychanalyse,* Paris, Payot.

HARNICK, J. (1919), « Éléments d'histoire de la civilisation sur le thème du complexe de l'argent et de l'érotisme anal », in Borneman 1978, p. 123-124.

——(1925), « Die triebhaft-affektiven Momente im Zeitgefühl », *Imago,* vol. 11, p. 32-57.

HÉNAFF, Marcel (2002), *Le Prix de la vérité: le don, l'argent et la philosophie,* Paris, Seuil.

HOUELLEBECQ, Michel (2005), *La Possibilité d'une île,* Paris, Fayard.〔ウェルベック『ある島の可能性』中村佳子訳、角川書店、2007 年〕

JONES, Ernest (1916), « Théorie du symbolisme », *British Journal of Psychology,* vol. 9; in *Théorie et pratique de la psychanalyse,* Paris, Payot, 1997, p. 82-131.

——(1919), « Traits de caractère se rattachant à l'érotisme anal », *Journal of Abnormal Psychology,* vol. 13; in *Théorie et pratique de la psychanalyse,* Paris, Payot, 1997, p. 378-398.

KANT, Emmanuel (1793), *La Religion dans les limites de la simple raison,* Paris, Vrin, 1979.〔エマニュエル・カント『カント全集 10　単なる理性の限界内における宗教』北岡武司訳、岩波書店、2000 年〕

KEYNES, John Maynard (1909)〔Science and art〕, lu à la Société des Apôtres, 20 février; KP, *UAI 32.*

anal », OC 15, p. 53-62.〔「欲動変転、特に肛門性愛の欲動変転について」『フロイト全集 14』本間直樹訳、岩波書店、2010 年〕
——(1920), *Au-delà du principe de plaisir,* OC 15, p. 273-338.〔「快原理の彼岸」『フロイト全集 17』須藤訓任訳、岩波書店、2006 年〕
——(1921). *Psychologie des masses et analyse du moi,* OC 16, p. 1-83.〔「集団心理学と自我分析」『フロイト全集 17』藤野寛訳、岩波書店、2006 年〕
——(1927), *L'Avenir d'une illusion,* OC 18, p. 141-197.〔「ある錯覚の未来」『フロイト全集 20』高田珠樹訳、岩波書店、2011 年〕
——(1930), *Le Malaise dans la culture,* Paris, PUF, 1995.〔「文化の中の居心地悪さ」『フロイト全集 20』嶺秀樹・高田珠樹訳、岩波書店、2011 年〕
——(1939), *L'Homme Moïse et la religion monothéiste: trois essais,* Paris, Gallimard, 1986〔「モーゼという男と一神教」『フロイト全集 22』渡辺哲夫訳、岩波書店、2007 年〕
——(1979), *Correspondance,* 1813-1939, Paris, Gallimard.
——(2005), *« Notre cœur tend vers le Sud »: Correspondance de voyage,* 1895-1923, Paris, Fayard.
——(2006), *Lettres à Wilhelm Fliess, 1881-1904,* Paris, PUF.
——et ABRAHAM, Karl (2006), *Correspondance complète, 1907-1925,* Paris, Gallimard.
——et BULLITT, William (1967), *Le Président T. W Wilson: portrait psychologique,* Paris, Payot, 1990.
FROMM, Erich (1932), « La caractériologie psychanalytique et sa signification pour la psychologie sociale », in *La Crise de la psychanalyse: essais sur Freud, Marx et la psychologie sociale,* Paris, Denoël, 1971, p. 175-208.
——(1980), *Grandeurs et limites de la pensée freudienne,* Paris, Robert Laffont.
GARDAZ, Michel (1987), *Marx et l'argent,* Paris, Économica.
GAUTIER, Théophile (1835), *Mademoiselle de Maupin,* Paris, Gallimard.
GEORGESCU-ROEGEN, Nicholas (1971), *The Entropy Law and the Economie Process,* Cambridge, Massachusetts, Harvard University Press.〔ジョージェスク＝レーゲン『エントロピー法則と経済過程』高橋正立ほか訳、みすず書房、1993 年〕
GIRARD, René (1972), *La Violence et le sacré,* Paris, Hachette.〔ルネ・ジラール『暴力と聖なるもの』古田幸夫訳、法政大学出版局、1982 年〕

米山親能・泉谷安規訳、法政大学出版局、2003年〕
Dupuy, Yves et MARIS, Bernard (1996), « Le pouvoir et le marché », *Sciences de la Société,* n° 38, p. 7-22.
FERENCZI, Sandor (1914), « Sur l'ontogenèse de l'intérêt pour l'argent », in Borneman 1978, p. 94-105.
——(1916), « "Pecunia olet" (L'argent a une odeur) », in Bornemann 1978, p. 106-109.
——(1924), *Thalassa: Psychanalyse des origines de la vie sexuelle,* Paris, Payot, 1962.
——(1931), « La naissance de l'intellect », notes et fragments, 30 juillet, in *Psychanalyse IV, Œuvres complètes, t. IV,* 1927-1933, Paris, Payot, 1982, p. 285-287.
FREUD, Sigmund (1908), « Caractère et érotisme anal », OC 8, p. 187-194.〔ジグムント・フロイト「性格と肛門性愛」『フロイト全集 9』道籏泰三訳、岩波書店、2007年〕
——(1911), « Formulation sur les deux principes de l'advenir psychique », OC 11, p. 11-19.〔「心的生起の二原理に関する定式」『フロイト全集 11』高田珠樹訳、岩波書店、2009年〕
——(1911a), « Rêves dans le folklore », OC Il, p. 55-84.〔「民話の中の夢」『フロイト全集 11』高田珠樹訳、岩波書店、2009年〕
——(1913), *Totem et tabou,* OC Il, p. 189-385.〔「トーテムとタブー」『フロイト全集 12』門脇健訳、岩波書店、2009年〕
——(1913a), « Le Moïse de Michel-Ange », OC 12, p. 127-158.〔「ミケランジェロのモーセ像」『フロイト全集 13』渡辺哲夫訳、岩波書店、2010年〕
——(1914), « Pour introduire le narcissisme », OC 12, p. 213-244.〔「ナルシシズムの導入に向けて」『フロイト全集 13』立木康介訳、岩波書店、2010年〕
——(1915), *Actuelles sur la guerre et la mort,* OC 13, p. 125-155.〔「戦争と死についての時評」『フロイト全集 14』田村公江訳、岩波書店、2010年〕、〔『人はなぜ戦争をするのか——エロスとタナトス』中山元訳、光文社古典新訳文庫、2008年、所収〕
——(1916-1917), *Introduction à la psychanalyse,* OC 14.〔「精神分析入門講義」『フロイト全集 15』高田珠樹・新宮一成・須藤訓任・道籏泰三訳、岩波書店、2012年〕
——(1917), « Sur les transpositions pulsionnelles, en particulier dans l'érotisme

BROWN, Norman O. (1959), *Lift against Death: the Psychoanalytical Meaning of History,* Middletown, Connecticut, Wesleyan University Press; *Éros et Thanatos,* Paris, Denoël, 1972.〔ノーマン・ブラウン『エロスとタナトス』秋山さと子訳、竹内書店新社、1970年〕

CAWS, Mary Ann et WIUGHT, Sarah Bird (2000), *Bloomsbury and France: Art and Friends,* New York, Oxford University Press.

COMTE, Auguste (1841), *Catéchisme positiviste,* Paris, Garnier-Flammarion, 1966.

DEBORD, Guy (1967), *La Société du spectacle,* Paris, Gallimard, 1992.〔ギー・ドゥボール『スペクタクルの社会』木下誠訳、ちくま学芸文庫、2003年〕

DELUMEAU, Jean (1978), *La Peur en Occident (XIVe-XVIIIe siècles): une cité assiégée,* Paris, Fayard.

DESCARTES (1649), *Les Passions de l'âme,* B. Timmermans (éd.), Paris, Livre de poche, 1990.〔ルネ・デカルト「情念論」『デカルト著作集』第3巻、花田圭介訳、白水社、1973年〕

DESCOLA, Philippe (2005), *Par-delà nature et culture,* Paris, Gallimard.

DIDIER-WEILL, Alain (éd.) (2004), *Freud et Vienne: Freud aurait-il inventé la psychanalyse s'if n'avaitpas été Viennois* ?, Ramonville, Éditions Erès, 2004.

DOSTALER, Gilles (1997), « Keynes and Friedman on money », in Avi J. Cohen, Harald Hagemann et John Smithin (éd.), *Money, Financial Institutions and Macroeconomies,* Boston, Kluwer Academie, p. 85-100.

——(2001), *Le Libéralisme de Hayek,* Paris, La Découverte.

——(2005), *Keynes et ses combats,* Paris, Albin Michel; nouvelle édition revue et augmentée, « Bibliothèque de l'Évolution de l'humanité », 2009.〔ジル・ドスタレール『ケインズの闘い——哲学・政治・経済学・芸術』鍋島直樹・小峯敦監訳、藤原書店、2008年〕

——(2005a), « Les "prix Nobel d'économie": une habile mystification », *Alternatives économiques,* n° 238, juillet-août, p. 88-91.

——et Bernard Maris (2000), « Dr Freud and Mr Keynes on money and capitalism », in John Smithin (éd.), *What is Money?,* Londres, Routledge, p. 235-256.

——(2006), « L'argent, le capitalisme et la psychanalyse: Freud et Keynes », *Mortibus: critiques du capitalisme incarné,* n° 2, p. 47-71.

Dupuy, Jean Pierre (1992), *Le Sacrifice et l'envie,* Paris, Calmann-Lévy.〔ジャン・ピエール・デュピュイ『犠牲と羨望——自由主義社会における正義の問題』

参考文献

AGLIETTA, Michel et ORLÉAN, André (1982), *La Violence de la monnaie,* Paris, PUF.〔ミシェル・アグリエッタ／アンドレ・オルレアン『貨幣の暴力』井上泰夫・斉藤日出治訳、法政大学出版局、1991 年〕

ARISTOTE (1971), *Politique,* trad. Marcel Prélot, Paris, Gonthier.〔アリストテレス『政治学』山本光雄訳、岩波文庫、1961 年〕

ASSOUN, Paul-Laurent (2004), « L' argent à l'épreuve de la psychanalyse: le symptôme social et son envers inconscient », in Marcel Drach (éd.), *L'Argent: croyance, mesure, spéculation,* Paris, La Découverte, p. 61-82.

BACHELARD, Gaston (1938), La Formation de l'esprit scientifique: contribution à une psychanalyse de la connaissance objective, Paris, Vrin, 2004.〔ガストン・バシュラール『科学的精神の形成』及川馥・小井戸光彦訳、国文社、1975 年〕

BALZAC (1839), *Beatrix,* Paris, Gallimard, 1979.〔オノレ・ド・バルザック『あら皮』小倉孝誠訳、藤原書店、2000 年〕

BATAILLE, Georges (1949), *La Part maudite,* Paris, Minuit, 1967.〔ジョルジュ・バタイユ『呪われた部分』中山元訳、ちくま学芸文庫、2003 年〕

BEAUD, Michel et DOSTALER, Gilles (1993), *La Pensée économique depuis Keynes: historique et dictionnaire des principaux auteurs,* Paris, Seuil; édition abrégée, « Points économie », 1996.

BELL, Quentin (1972), *Virginia Woolf: A Biography,* Londres, Hogarth Press, 2 vol.

BERTHOUD, Arnaud (2004), « Monnaie et mesure chez Aristote », in Marcel Drach (éd.), *L'Argent: croyance, mesure, spéculation,* Paris, La Découverte, p. 85-93.

BONADEI, Rossana (1994), « John Maynard Keynes: contexts and methods », in Alessandra Marzola et Francesco Silva (éd.), *John Maynard Keynes: Language and Method,* Aldershot, Hanrs, Edward Elgar, p. 13-75.

BORMANS, Christophe (2002), « Keynes et Freud: De la "vision" à la "révolution" keynésienne: l'hypothèse Freud », hrrp://www. psychanalyste-paris. com/Keynes-etFreud. html

BORNEMAN, Ernest (éd.) (1978), *Psychanalyse de l'argent: une recherche critique sur les théories psychanalytiques de l'argent,* Paris, PUF, 1978〔1re édition allemande, 1973〕.

文献目録

冒頭の注

われわれは主としてフロイトとケインズのテキストからの数多くの引用によってわれわれの提言をしっかりと裏付けてきた。これらのテキストのいくつかはあまり知られていないものもある。これらのテキストは、ここで取り上げられ引用されたほかの著者の著述と同様に、フロイトとケインズの関係の視点からするきわめて完全な文献目録を収録している。引用の典拠を即座に見つけ出したいと望む読者の手間を省くため、著者、発行年、頁の順序で整理している。文献目録で著者の氏名の後に挙げられる年数は、原則として、著作の原書の初版の年数である。もしそれが外国書で、フランス語に翻訳されている場合には、われわれはこの翻訳書のほうを利用し、頁数はこの翻訳のものである。これに対して、もし参考文献でフランス語の翻訳が挙げられていない場合には、われわれが全集を参考にして引用している[(1)]。ケインズの手紙の引用については、典拠が何も挙げられていない場合は、われわれが参照した全集からのものである。引用文におけるイタリック体の文章は、著者が強調したものである。

(1) ケインズのテキストのいくつかの翻訳は Dostaler, 2005から引用しているが、この引用の労をとってくれたのはマリエル・コーシーである。かれに感謝したい。

略　語

JMK: *The Collected Writings of John Maynard Keynes,* Londres, Macmillan, 1971-1989, 30 volumes.

KP: *Keynes Papers,* King's College Library, Cambridge.

OC: Sigmund FREUD, *Œuvres complètes: Psychanalyse,* Paris, PUF, depuis 1989, 21 volumes prévus.

著者紹介

ジル・ドスタレール（Gilles Dostaler）

1946年カナダ生まれ。1975年にパリ第8大学にて経済学博士号を取得。ケベック大学モントリオール校教授。ケインズ，ハイエク，フリードマンを主な研究対象として経済思想史を専攻した。2011年没。

主著に，『ケインズ以後の経済思想——主要な経済学者たちの経歴と事典』（*Economic Thought Since Keynes: A History and Dictionary of Major Economists*, Routledge, 1995, Michel Beaud との共著），『ハイエクの自由主義』（*Le Libéralisme de Hayek*, La Découverte, 2001），『ケインズの闘い——哲学・政治・経済学・芸術』（藤原書店，2008年）がある。

ベルナール・マリス（Bernard Maris）

1946年フランス・トゥルーズ生まれ。1975年トゥルーズ大学で経済学の学位を取得。その後，トゥルーズ大学で経済学を教えた。パリ第8大学のヨーロッパ研究所の教授も務め，米国カリフォルニアのロワ大学，ペルーの中央銀行でもミクロ経済学を教えた。ジャーナリストとして，『ヌーヴェル・オプセルヴァトゥール』『フィガロ』『シャルリー・エブド』などの紙誌に記事を執筆，小説の出版活動，反グローバリゼーションの政治活動にも取り組んだ。風刺週刊紙『シャルリー・エブド』の株主で，2015年1月7日の同紙編集部への襲撃で殺害された。

経済学の編著として，『ケインズか，市民派経済学者か』（*Keynes ou l'économiste citoyen*, Presses de Sciences Po, 1999），『マルクス，ああマルクスよ，なぜあなたはわたしを見捨てたのか？』（*Marx, ô Marx, pourquoi m'as-tu abandonné?*, Éditions Les Échappés, 2010）など多数。

訳者紹介

斉藤日出治（さいとう・ひではる）

1945年長野県生まれ。1995年名古屋大学で経済学博士号取得。1986-2014年大阪産業大学で社会経済学などを教える。現在，大阪労働学校アソシエ副学長。

著書に，『物象化世界のオルタナティヴ』（昭和堂，1990年），『ノマドの時代』（大村書店，1994年），『国家を越える市民社会』（現代企画室，1998年），『空間批判と対抗社会』（現代企画室，2003年），『帝国を超えて』（大村書店，2005年），『グローバル化を超える市民社会』（新泉社，2010年）がある。

訳書に，ミシェル・アグリエッタ『通貨統合の賭け』（藤原書店，1992年），アンリ・ルフェーヴル『空間の生産』（青木書店，2000年）などがある。

資本主義《しほんしゅぎ》と死《し》の欲動《よくどう》——フロイトとケインズ

2017年12月10日　初版第1刷発行©

訳　者　斉藤日出治
発行者　藤原良雄
発行所　株式会社　藤原書店
〒162-0041　東京都新宿区早稲田鶴巻町523
電　話　03（5272）0301
FAX　03（5272）0450
振　替　00160－4－17013
info@fujiwara-shoten.co.jp

印刷・製本　中央精版印刷

Printed in Japan
ISBN978-4-86578-150-2